Weser

KANU KOMPAKT

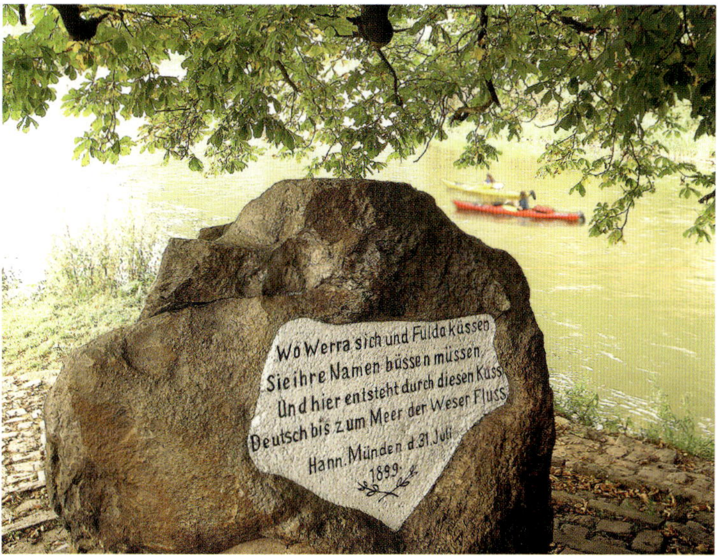

Impressum

2. aktualisierte Auflage 2022

Von-Hutten-Str. 15
D-22761 Hamburg
Tel +49 (40) 39 10 99 10
Fax +49 (40) 390 68 20
www.thomas-kettler-verlag.de
www.kanubuch.de

Text & Fotos: Stefan Schorr
Titelfoto: Auf der Weser vor Heinsen, Stefan Schorr

Lektorat: Thomas Kettler
Idee & Konzept: Carola Hillmann
Satz: Carola Hillmann, Ivonne Leuchs (haptografie.de)
Wasserwanderkarten: Jübermann - Kartographie u. Verlag, Carola Hillmann
Stadtpläne & Umschlagkarten: Stepmaps, Heide Schwinn

Illustration Kanufahrschule: Ann-Sophie Ränger, Carola Hillmann
Lektorat Kanufahrschule: Falk Bruder
Druck & Gesamtherstellung: Drukarnia Beltrani Sp. J., Krakau

Weitere Fotonachweise (o.=oben, m.=mitte, u.=unten):
Thomas Kettler (Seite 3, 7o., 26, 53, 60, 66, 67, 68, 75, 82o., 82u., 86)
StaatsbadPyrmont / Wikimedia Commons (Seite 29)
Hann. Münden Marketing GmbH / Lars Gerhardts (Seite 32)
PaulT (Gunther Tschuch) / Wikimedia Commons (Seite 44)
Kulturland Kreis Höxter / F. Grave (Seite 49)
Rolfcosar / Wikimedia Commons (Seite 71)
Kathy2408 / Wikimedia Commons (Seite 81)

Bibliografische Information der Deutschen Nationalbibliothek
Die Deutsche Nationalbibliothek verzeichnet diese Publikation in der Deutschen Nationalbibliografie; detaillierte bibliografische Daten sind im Internet über *http://dnb.d-nb.de* abrufbar.

ISBN 978-3-934014-99-2

Inhaltsverzeichnis

Infos zum Kanufahren, zur Region und zur Weser

Die Kanutour auf der Weser von Hann. Münden bis Minden

Adressen

Weiteres

Vorwort

Paddeln im Herzen Deutschlands. Mit dem Kanu die heimische Region kennenzulernen ist ein ganz besonderes Erlebnis. Orte voller Sagen und Märchen, wunderschön gelegene Fachwerkdörfer, tiefe Wälder und prächtige Burgen prägen das Bild der Oberweser, einer Landschaft die in Deutschland ihresgleichen sucht und in der man den Eindruck hat, die Zeit wäre stehen geblieben. Mit einer phantastischen Infrastruktur wird diese ca. 200 Kilometer lange Tour, die man natürlich auch in Etappen paddeln kann, zum Genuss.

Rund 60 ausgewiesene Ein- und Aussetzstellen zwischen Hann. Münden und Minden erhielten das „Gelbe Welle"-Zeichen, das bundesweit einheitliche Qualitätssiegel des Deutschen Tourismusverbandes. Es soll das bessere Erkennen von Anlandemöglichkeiten gewährleisten, Auskunft über die Ausstattung einer Marina bzw. eines Anlegers geben und dem Wasserwanderer signalisieren, dass er „Herzlich Willkommen" ist.

Bootshäuser, Campingplätze, nette Pensionen und luxuriöse Hotels. Für jeden Geschmack liegen Übernachtungsmöglichkeiten direkt am Wasser oder in Wassernähe. Dank mehrerer Kanuvermieter und Veranstalter bleiben selbst für Paddel-Neulinge oder solche ohne eigenes Boot keine Wünsche offen.

Für Aktive ist die Weserregion das ideale Urlaubsgebiet, immerhin ist der Weserradweg einer der beliebtesten Radwege Deutschlands und Wanderungen auf dem Weserberglandweg oder durch Reinhards-, Brahmwald und Solling-Vogler führen durch eine urwüchsige Natur.

Kanu & Ausrüstung

Das Kanu

Bevor es an die Planung der Tour geht, steht die Frage nach Kanu und Ausrüstung. **Kanu** ist der Oberbegriff für alle Boote ohne befestigtes Ruder, also sowohl Canadier/Kanadier (umgangssprachlich oft Kanu genannt) als auch Kajaks.

Das **Kajak** ist oft bis auf eine kleine Sitzluke geschlossen, wird mit einem Doppelpaddel gefahren und ist insbesondere für kleine, schnelle Flüsse oder auch wegen seines windschlüpfrigen Verhaltens für größere Seen geeignet. Der Nachteil liegt darin, dass die Zuladung beschränkt, das Ein- und Aussteigen umständlich und die Sitzposition, anders als beim Canadier, durch die Bauweise vorgegeben ist. Kajaks gibt es generell für ein oder zwei Personen, manchmal auch mit 3 Sitzluken.

Der **Canadier** besticht durch sein großzügiges Raumangebot – in ihm findet auch eine vierköpfige Familie Platz – und das einfache Beladen,

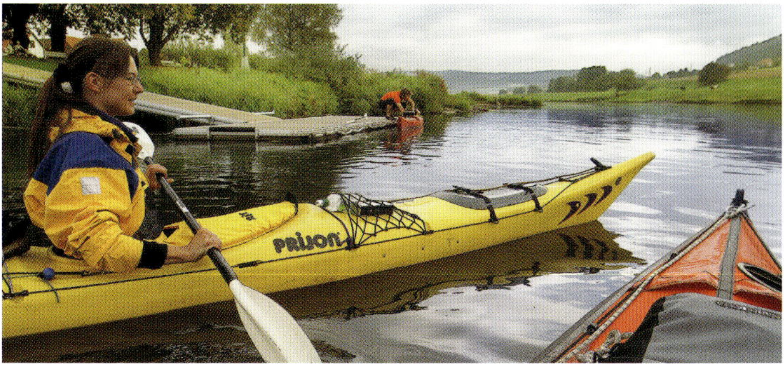

Schwimmstege (häufig mit Rollen) machen den Ein- und Ausstieg vielerorts sehr komfortabel

Ein- und Aussteigen. Er wird mit dem Stechpaddel gefahren und ist offen, dadurch können sich Kinder in ihm freier bewegen. Auch bieten sich im Sitzen mit angewinkelten oder gestreckten Beinen oder kniend variantenreiche Sitzpositionen, die ein ermüdungsfreieres Paddeln ermöglichen. Die größere Kippstabilität wird vom Anfänger als angenehm empfunden. Sein Nachteil liegt eindeutig bei der größeren Windanfälligkeit, die das Befahren von großen, offenen Wasserflächen mühsam oder gar gefährlich werden lassen. Doch kann er mit einer Persenning (Spritzdecke) auch spritzwasserfest und weniger windanfällig gemacht werden.

Eine Sonderform sind **Faltboote** (Canadier und Kajak). Sie können für das gleiche Tourenspektrum eingesetzt werden wie feste Boote, lassen sich durch das kompakte Packmaß im unaufgebauten Zustand aber leichter transportieren (z. B. auch mit der Bahn) und nehmen in der Garage oder auf dem Dachboden weniger Platz weg.

Schlauchboote (Luftboote) – in Canadier- oder Kajakform – sind in der Regel relativ langsam und laufen nur mäßig geradeaus, sodass sie für längere Touren auf Wanderflüssen nur bedingt geeignet sind. Sie sind für mittelschweres Wildwasser konzipiert.

Kanu mieten oder kaufen?

Zu Anfang ist es sinnvoll, sich ein **Kanu zu mieten**. Daher nennen wir in diesem Buch Kanuvermieter und Tourenveranstalter für jede Etappe.

Idealerweise ist bei der Auswahl des Vermieters/Veranstalters darauf zu achten, dass er Mitglied im **BVKanu** (***Bundesverband Kanu e. V.)*** ist. Die Mitglieder garantieren Qualität und qualifizierte Mitarbeiter, Sicherheit und fachkundige Einweisung sowie einen Einsatz für den Naturschutz im Kanutourismus.

Das ***Qualitätssiegel QMW Kanu*** steht nochmal extra für besonders gute Qualität und Sicherheit bei Anbietern.

Hat man sich zum **Kauf eines eigenen Kanus** entschlossen, stellen sich verschiedene Fragen: Welche Gewässer möchte ich vorwiegend befahren? Fahre ich alleine im Boot oder mit dem Partner, mit Kindern, mit der ganzen Familie? Mache ich nur kleine Tagestouren oder mehrwöchige Gepäckfahrten? Wie transportiere ich mein Kanu? Wo lagere ich es?

Um sich fürs individuell geeignete Kanu zu entscheiden, sollte man am besten ein sogenanntes **„Testival"** besuchen, das von großen Fachhändlern, Kanuherstellern oder den Kanuverbänden meist an einem Wochenende zu Saisonbeginn (April, Mai, teils Juni) veranstaltet wird. Dort kann man vor Kaufentscheidung in Ruhe verschiedene Boote ausprobieren.

Zum notwendigen Zubehör gehören:

- **Paddel.** *Doppelpaddel* (fürs Kajak) sollten eine Länge von ca. 220–240 cm haben, während das im Canadier verwendete *Stechpaddel* beim Stehen des Paddlers etwa bis unters Kinn reichen sollte. Für Kinder darf es ruhig etwas länger sein. Kunststoffpaddel sind zwar pflegeleichter als Holzpaddel, die aber sind vom Material her sympathischer. Tipp: Paddel- oder einfache Radhandschuhe schützen empfindliche Hände vor Blasen.

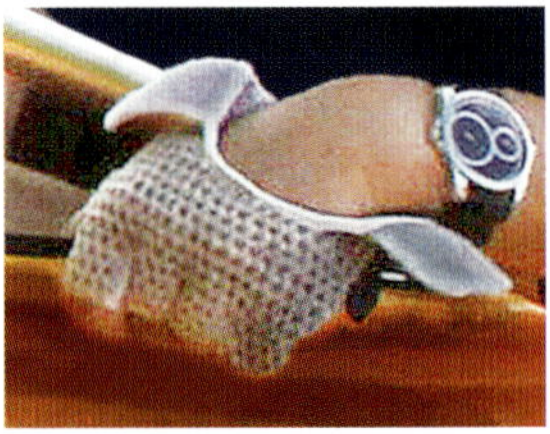

- **Reservepaddel.** Muss in jedem Kanu griffbereit, aber sicher befestigt vorhanden sein. Noch wichtiger ist dies bei Solopaddlern, da sie manövrierunfähig werden, wenn das Paddel über Bord geht.
- **Rettungsweste.** Kein Kind darf ohne ohnmachtssichere Rettungsweste ins Boot. Sie hat einen Kragen, der den Kopf über Wasser hält und so wirklich vor dem Ertrinken schützt.
- **Schwimmweste.** Jeder Erwachsene sollte sie tragen (auch als Vorbildfunktion). Wie die Rettungsweste auch, muss sie dem Körpergewicht des Trägers angepasst sein.
- **Wurfsack.** Zum Retten eines Schwimmers vom Ufer aus. Der Nylonbeutel mit einem Auftriebselement und etwa 20 Meter Seil ist immer dabei, egal ob Wildwasser oder Wanderfahrt.
- **Bootswagen.** Für Landtransporte unverzichtbar. Wer sich einen zulegt, sollte auf gute Verarbeitung achten. Er muss stabil, das Rohrgestell verschweißt statt genietet und zusammenklappbar sein, breite Räder und eine Stütze haben, so dass er auch von 1 Person beladen werden kann.

- **Praktisches:**
  - ***Leinen*** zum Anbinden und Halten des Kanus.
  - ***Spanngurte*** zum Festzurren der Gepäck-Säcke und -Tonnen am Kanu.
  - Ein ***Schwamm*** zum Säubern und „Entwässern" des Kanus.
  - Ein ***Schloss*** (z. B. Spiralfahrradschloss) zum Sichern des Kanus am Ufer bei Besichtigungen oder festen Unterkünften.
  - Eine ***wasserdichte Kartentasche*** mit Befestigung am Boot.
  - ***Kniepolster /-matte*** aus geschlossenporigem Schaumstoff fürs kniende Paddeln im Canadier.
  - ***Reparaturzeug***. Dazu gehören: wasserfestes Duck Tape-Klebeband (klebt fast alles), ein Mehrzwecktaschenmesser oder Tool mit Schraubenzieher, eine Kombizange und Reparaturset für das Kanu.

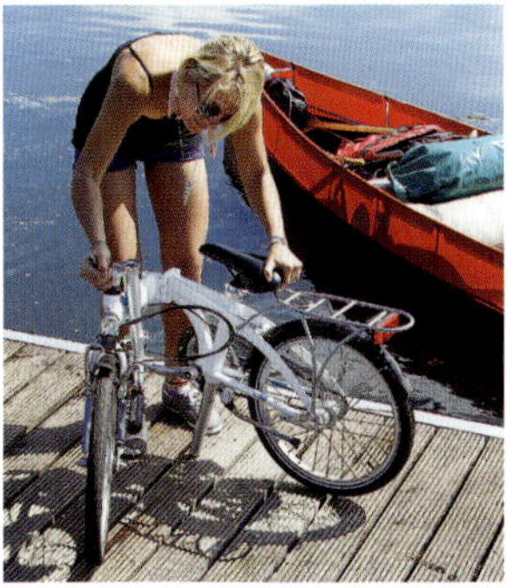

Ein Faltrad steigert die Mobilität

Tipp: Wer mit dem Canadier unterwegs ist und auch an Land mobil sein möchte („Zurück zum Pkw"), sollte in Erwägung ziehen, ein Faltrad mitzunehmen. Durch optimierte Falt-Scharniere wird aus dem Fahrrad innerhalb weniger Sekunden ein kleines, handliches Paket.

Vereinsmitgliedschaft

Kanufahren zeichnet sich zwar durch Individualität aus, aber nicht immer fühlt man sich alleine auf dem Wasser wohl.

Die Mitgliedschaft im ***Deutschen Kanu-Verband (DKV)***, auch als nicht vereinsgebundenes Einzelmitglied, bietet über die Teilnahme an gemeinsamen Fahrten, dem Austausch persönlicher Erfahrungen zu Booten und Ausrüstung hinaus auch den Vorteil der preisgünstigen Übernachtung in den ***DKV-Kanustationen***.

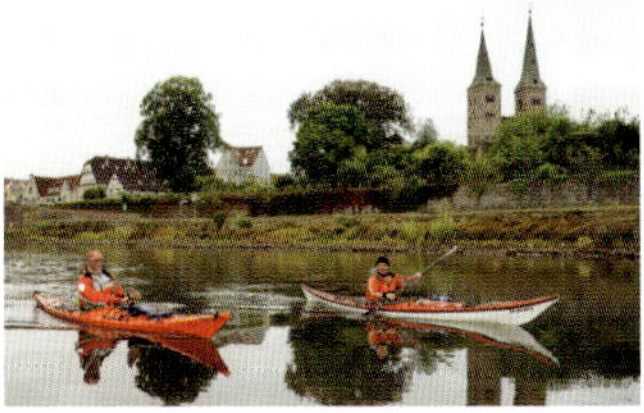

Internationale Weserfahrt: Unter dem Motto „Von den Bergen bis ans Meer" organisiert der LKV Niedersachsen in Zusammenarbeit mit den benachbarten Kanu-Verbänden alle zwei Jahre die 425 km lange Weserfahrt.

Die Ausrüstung

Es gibt kein schlechtes Wetter, nur die falsche Kleidung! Für die hier in diesem Buch beschriebene Tour wird keine teure High-Tech-Kleidung benötigt, aber eine gute ***Regenjacke und -hose*** lässt den Paddler dem nächsten Regenschauer gelassen entgegensehen. Ansonsten sollte nach dem „Zwiebelprinzip" verfahren werden – mehrere leichte Kleidungsstücke übereinander ziehen.

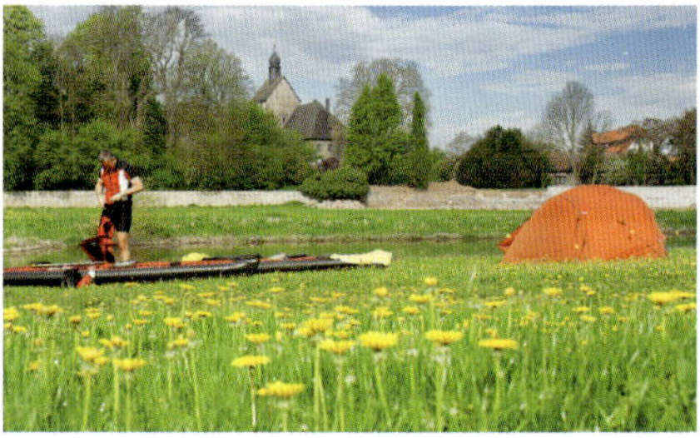

Fleecepullis mit ihrer hervorragenden Isolationseigenschaft, geringem Gewicht und der Tatsache, dass sie im nassen Zustand noch wärmen, aber auch schnell trocknen, sind ideal.

Eine ***Hose*** aus einem ***Synthetik-Baumwollgemisch*** trocknet schnell und ist geeigneter als eine Jeans.

Schuhe müssen nicht schön sein, sondern vor allem fest sitzen. Am besten sind Schnür-, Sport- oder spezielle Paddlerschuhe. Für Ausflüge haben wir ***Wanderschuhe*** dabei.

Da die Sonneneinstrahlung auf Wasserflächen sehr intensiv ist, darf ein ***Kopf-Sonnenschutz*** und eine ***Sonnenbrille*** nicht fehlen.

Die hier beschriebene Ausrüstung findet Platz in wasserdichten ***Weithals-Tonnen*** mit Schraubdeckel sowie wasserdichten ***Packsäcken***, die durch einen „Roll-/Steckverschluss" verschlossen werden. Mehrere kleine sind idealer als wenige große! Die meisten Kanuvermieter händigen wasserdichte Tonnen vor Antritt der Fahrt aus. Ist man jedoch mit dem eigenen Kanu unterwegs und scheut zunächst die recht hohen Anschaffungskosten für mehrere Säcke und Tonnen, tun es zu Beginn auch stabile Plastik- oder Müllsäcke.

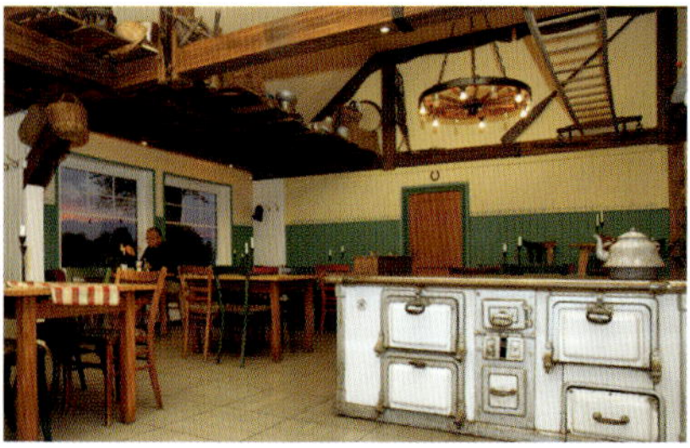

Viele der beschriebenen Streckenabschnitte lassen sich so planen, dass mit wenig Gepäck ***von Gasthof zu Gasthof*** gepaddelt werden kann, um am Abend warm und trocken beim Abendessen im Schankraum zu sitzen.

Ein ***Zelt***, ein ***Schlafsack*** und eine ***Isomatte*** sollten jedoch trotzdem immer dabei sein. Denn wer weiß schon, ob er sein Tagesziel auch erreicht oder ein Gewitter die Planung über den Haufen wirft.

Campingküche

Will man auf seinen morgendlichen Kaffee oder Tee bzw. die Spaghetti am Abend nicht verzichten, muss ein ***Campingkocher*** mit auf Tour.

Folgende Typen sind zu unterscheiden:

- **Benzinkocher**. Hat den höchsten Heizwert. Benzin ist überall zu bekommen und billig.
- **Gaskocher.** Nicht so hoher Heizwert, jedoch sauberes Verbrennen. Teure Kartuschen.
- **Multifuelkocher.** Guter Heizwert. Ist mit fast jedem Flüssigbrennstoff zu betreiben und sehr leicht.
- **Petroleumkocher.** Hoher Heizwert, jedoch Geruchsbelästigung, die, anders als beim Benzin, nicht „verfliegt".
- **Spirituskocher.** Sind leicht und einfach zu handhaben. Relativ geringer Heizwert.

Als weitere **Küchenausstattung** empfiehlt sich ein ***Kochset***, bestehend aus zwei oder drei verschieden großen, ineinander gestellten Kochtöpfen (2 L, 1,5 L, 1 L) mit zwei verschieden großen Deckeln, die gleichzeitig als Pfannen dienen.

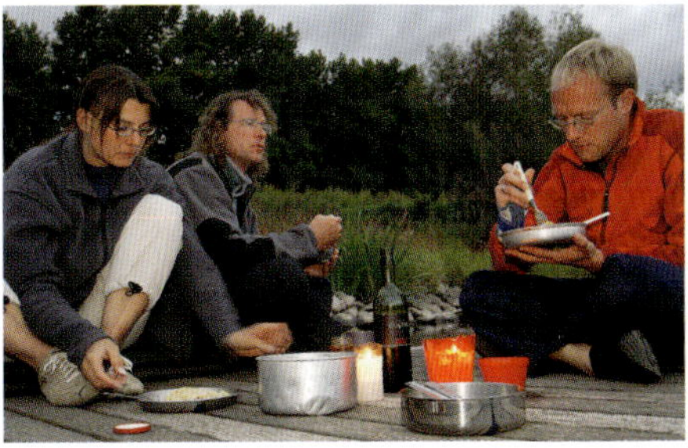

Eine ***Espressokanne*** ist für den morgendlichen Kaffee ideal. Weiterhin ein ***Wassersack mit Frischwasser,*** flache und tiefe ***Teller*** oder ***Müslischalen***, ***Besteck***, ***Thermoskanne***, ***Thermobecher***, kleines ***Schäl- und Schneidemesser***, ***Schneidebrett***, ***evtl. Alufolie***, ***Geschirrtuch***, ***Spülmittel*** und eine ***Faltschüssel*** (Abwasch).

Man kann die Campingküche aber auch getrost zu Hause lassen, denn entlang der Strecke finden sich viele Einkehrmöglichkeiten.

Weitere nützliche Ausrüstungsgegenstände sind ein ***Klappspaten, Toilettenpapier, Erste-Hilfe-Set, Waschzeug, Insektenschutz, Taschenmesser, Taschenlampe, Fernglas, Schreibutensilien, Tagesrucksack***.

„Kleine Kajak- & Canadier-Fahrschule“

Schlagrichtung des Paddlers 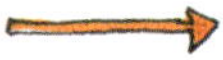 Bewegungsrichtung des Kanus 

Die hier beschriebenen Paddelschläge können und sollen miteinander kombiniert werden. Zur korrekten Ausführung wird das Paddel im Prinzip nicht durch das Wasser „gezogen“, sondern soll annähernd stationär bleiben und das Kanu über das Wasser bewegt werden. Hierbei wird eine optimale Kraftausbeute angestrebt. Bei einem sehr gut ausgeführten Paddelschlag gibt es keine Verwirbelungen und kaum Wellen am Paddelblatt.

Kajak-Fahrschule

Allgemeines

In der Regel sind die beiden Blätter eines Doppelpaddels gegeneinander verdreht. Bei den üblichen rechtsgedrehten Paddeln umfasst die rechte Hand den Schaft so, dass das rechte Paddelblatt senkrecht ins Wasser eingetaucht werden kann. Die linke Hand umfasst den Paddelschaft nur locker und nach jedem Paddelschlag wird das Paddel mit der rechten Hand so gedreht, dass das aktive Blatt senkrecht ins Wasser gesetzt werden kann (bei linksgedrehten Paddeln gelten die Hinweise entsprechend seitenvertauscht). Stellen Sie die Fußstützen des Kajaks so ein, dass Sie bequem sitzen und gleichzeitig einen guten Bootskontakt mit den Oberschenkeln haben. Bei Kajaks mit Fußsteuerung den Abstand der Pedale so wählen, dass Sie mit leicht angewickelten Beinen im Boot sitzen und genügend Spielraum nach vorne haben, um das Pedal durchzutreten und das Steuer bewegen zu können.

Einsteigen

Kanu parallel zum Ufer ausrichten, bei starker Strömung mit dem Bug (=Bootsspitze) gegen die Strömungsrichtung. Zum Einsteigen das Boot mit der sogenannten „Paddelbrücke“ stabilisieren: Paddel im rechten Winkel zum Boot über Süllrand (=Bootsrand) und Ufer oder Steg legen; mit einer Hand Süllrand und Paddel fassen und mit der anderen Hand das Paddel aufs Ufer drücken. Zum Einsteigen das Gewicht über das Paddel verlagern und mit dem bootsseitigen Fuß zuerst einsteigen. Anschließend möglichst rasch hinsetzen, d.h. im Kajak gleich auf den Sitz rutschen, um einen tiefen Schwerpunkt zu erzielen und die Stabilität des Kanus zu erhöhen.

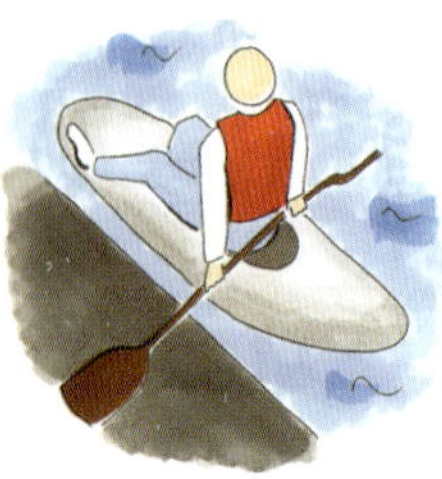

Spritzdecke

Spritzdecke zunächst hinter dem Körper um den Süllrand legen und von hinten nach vorne schließen; abschließend nach vorne über den Süllrand ziehen. Dabei unbedingt darauf achten, dass die Lasche vorne herausguckt, um die Spritzdecke im Falle einer Kenterung leichter öffnen zu können.

Paddelhaltung Doppelpaddel

Das Paddel in beide Hände nehmen und auf den Kopf legen. Die optimale Griffbreite ist erreicht, wenn der Winkel zwischen Ober- und Unterarm ein wenig kleiner als 90 Grad ist.

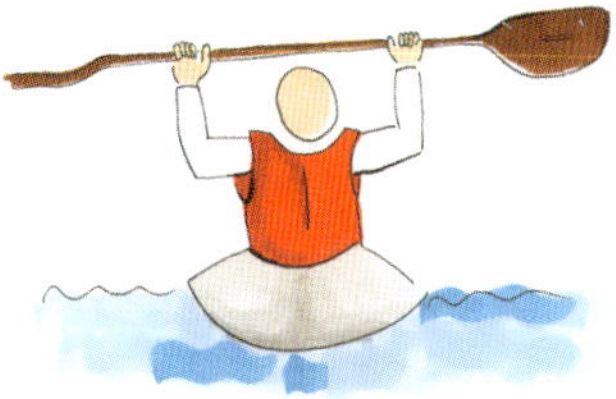

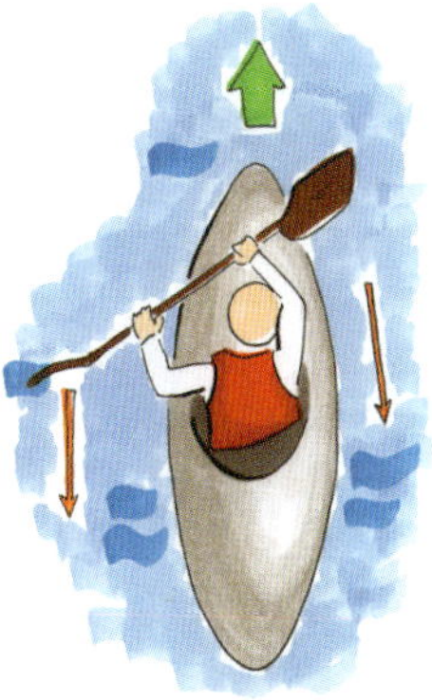

Grund- und Treibschlag

Mit leicht nach vorne gebeugtem Oberkörper Paddel vorne, dicht neben der Bootswand einsetzen. Die „Zughand" zieht das Paddel parallel am Boot entlang nach hinten, während die „Druckhand" das sich in der Luft befindliche Blatt nach vorne drückt. Die Bewegung nicht allein mit den Unterarmen ausführen, sondern zur Unterstützung bei gestrecktem Arm den Oberkörper mitdrehen. Ist das aktive Paddelblatt knapp hinter der Sitzposition, den Zug stoppen und die Seite wechseln.

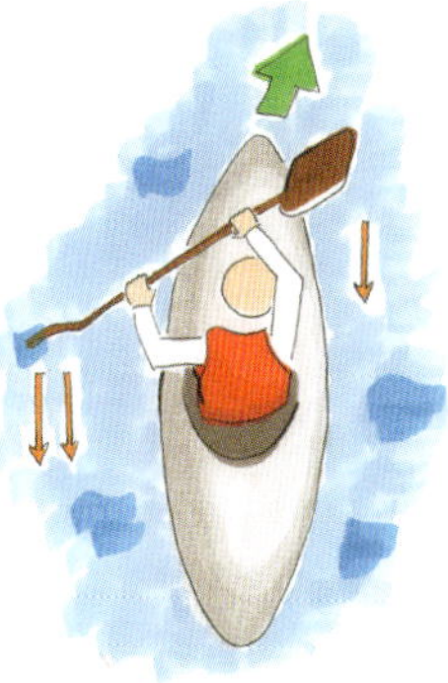

Steuern

Wird der Paddelschlag auf der linken Seite stärker ausgeführt, dreht der Bug nach rechts – und umgekehrt. So können Sie das Boot – ganz ohne die ebenfalls erhältlichen Fußsteueranlagen – auf Kurs halten. Sind starke Kursänderungen erforderlich, erreichen Sie diese mit dem Bogenschlag. Beim Ab- und Anlegen mit Kajaks die über eine Steueranlage verfügen unbedingt daran denken, das Steuer rechtzeitig einzuklappen, um es nicht zu verbiegen.

Ziehschlag

Steuerschlag, um das Boot seitlich zu versetzen; dazu das Paddelblatt möglichst weit entfernt senkrecht zur Längsachse und parallel zum Boot ins Wasser tauchen und nicht zu dicht, an die Bootswand heranziehen und nach oben aus dem Wasser nehmen. Dabei darauf achten, dass das Paddelblatt nicht unter den Bootskörper gezogen wird, da dies zum Kentern führen kann.

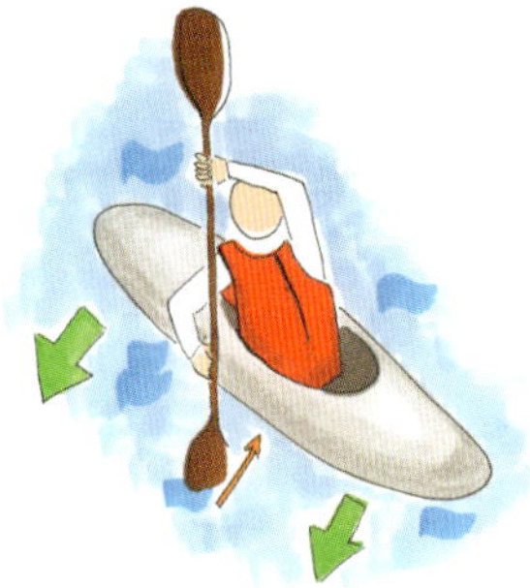

Bogenschlag

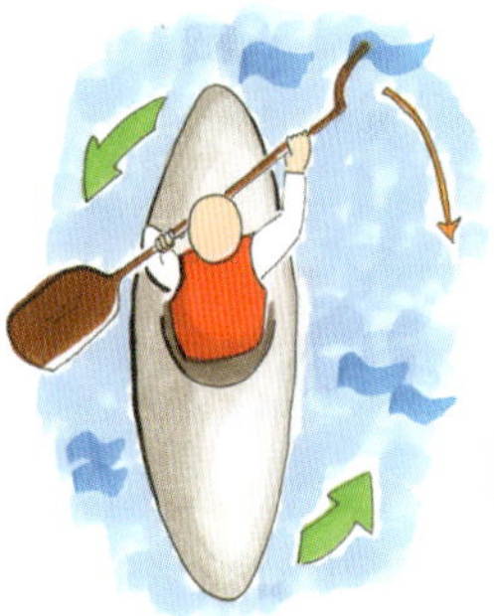

vorwärts

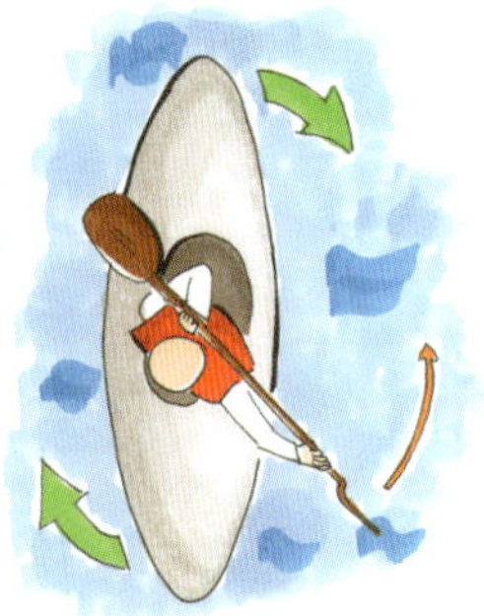

rückwärts

Steuerschlag, um das Boot zu drehen: vorwärts ausgeführt, dreht er das Boot weg von der Schlagseite. Dazu das Paddel möglichst weit vorne und dicht am Boot eintauchen und das Paddelblatt flach unter der Wasseroberfläche in einem weiten Halbkreis um das Boot bis nahe ans Heck führen. Je größer der Radius, desto stärker die Steuerwirkung. Um das Kanu abzubremsen und gleichzeitig eine Kurskorrektur zur Paddelseite hin durchzuführen, können Sie den Bogenschlag rückwärts ausführen.

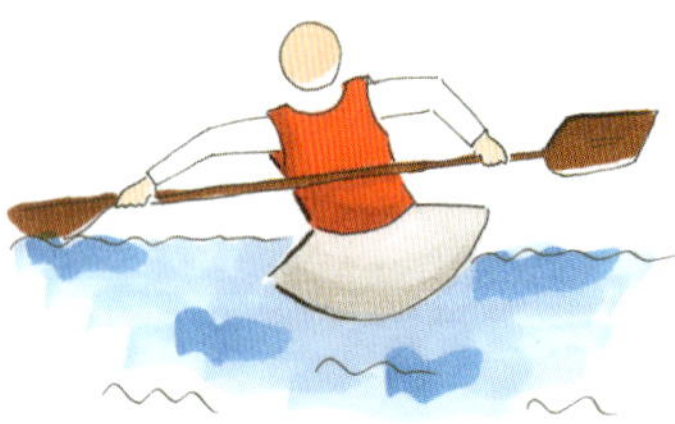

Paddelstütze

Stabilisierungsschlag, bei dem das Paddel als Ausleger genutzt wird, um das Kentern zu verhindern; dazu einfach das Paddel auf der Seite, zu der das Boot zu kippen droht, soweit wie möglich nach außen flach auf das Wasser drücken.

Canadier-Fahrschule

Allgemeines

Auf dem hinteren Sitz nimmt in der Regel der erfahrenere oder kräftigere Paddler Platz. Er gibt im Flachwasser die grobe Richtung vor, der Vordermann versucht ihn zu unterstützen. Der Vordermann gibt die Schlagzahl vor; achten Sie darauf, einen möglichst gleichmäßigen Schlagrhythmus einzuhalten, um ein „Aus-dem-Ruder-laufen" zu vermeiden. Je nach Ausdauer kann ein gelegentlicher Wechsel der Paddelseiten stattfinden, der von beiden nach Absprache gleichzeitig durchgeführt wird. Der Vordermann hat stets die Aufgabe auf Hindernisse, die direkt vor dem Canadier auftauchen, aufmerksam zu machen.

Einsteigen

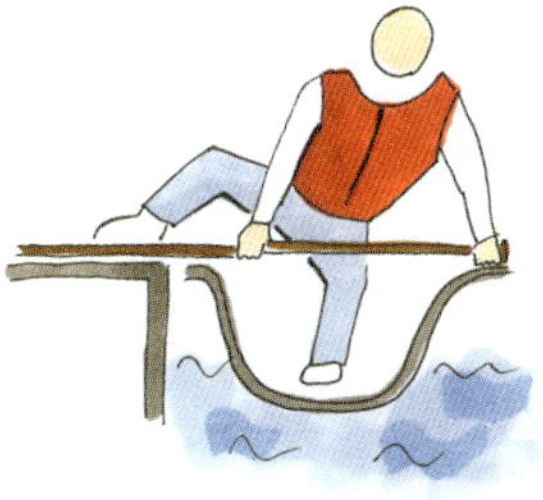

Kanu parallel zum Ufer ausrichten, bei starker Strömung mit dem Bug (=Bootsspitze) gegen die Strömungsrichtung. Zum Einsteigen das Boot mit der sogenannten „Paddelbrücke" stabilisieren: Paddel im rechten Winkel zum Boot über Süllrand (=Bootsrand) und Ufer oder Steg legen; mit einer Hand Süllrand und Paddel fassen und mit der anderen Hand das Paddel aufs Ufer drücken. Zum Einsteigen das Gewicht über das Paddel verlagern und mit dem bootsseitigen Fuß zuerst einsteigen. Anschließend möglichst rasch hinsetzen oder beim Canadier auch möglich, eventuell hinknien, um einen tiefen Schwerpunkt zu erzielen und die Stabilität des Kanus zu erhöhen.

Aussteigen

Wie Einsteigen, nur in umgekehrter Reihenfolge.

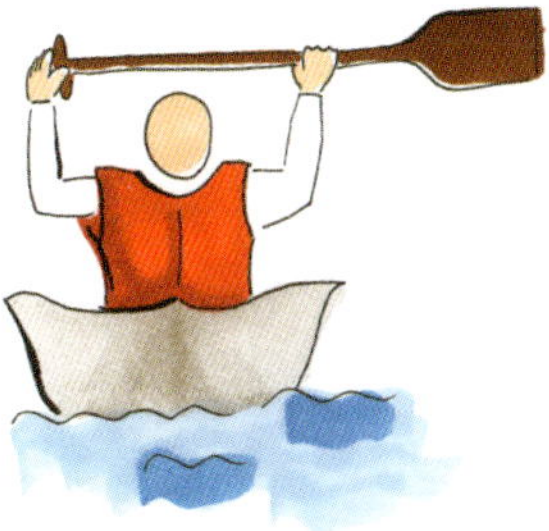

Paddelhaltung Stechpaddel

Eine Hand fasst den Paddelknauf, hierbei wird der Griff von oben wie beim Spaten umfasst. Die andere Hand umgreift den Paddelschaft, so dass Ober- und Unterarm einen Winkel von 90 Grad bilden.

Grund- und Treibschlag

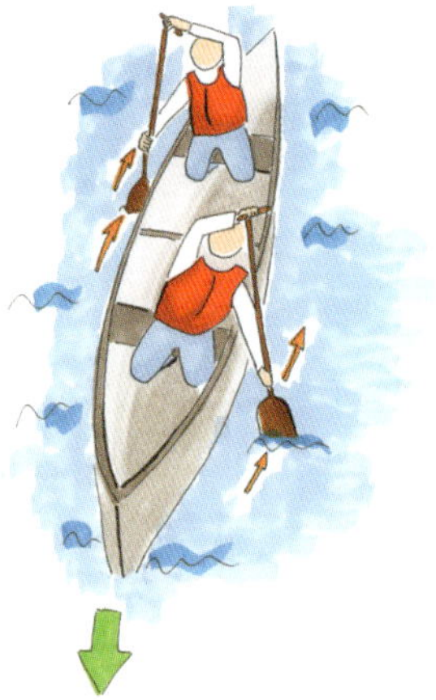

Das ganze Paddelblatt wird senkrecht ins Wasser getaucht und parallel zum Boot (in Bootslängsachse) bis etwa auf Körperhöhe durchs Wasser gezogen. Dabei wird mit dem unteren Arm gezogen, während der obere Arm drückt; gleichzeitig wird der Oberkörper etwas nach vorne geneigt und mitgedreht. Stimmen Vorder- und Hintermann ihren Grundschlag aufeinander ab, bewegt sich der Canadier kursstabil geradeaus. Paddelt nur einer, bewegt sich das Kanu der paddelabgewandten Seite zu.

Steuern oder J-Schlag (Hintermann)

Dabei wird das Paddel zuerst wie beim Grundschlag geführt, am Körper vorbei in einer Bogenbewegung mit der wasserverdrängenden Paddelseite vom Boot weggedrückt. Dabei zeigt der Daumen der Hand am Paddelknauf nach unten und der Handrücken nach außen. Der Vordermann kann weiterhin den Grundschlag ausführen oder die Drehbewegung mit einem Bogenschlag verstärken. Der J-Schlag ist besonders vorteilhaft für Solo-Canadier, da er das „Aus-dem-Ruder-laufen" bei der normalen Geradeausfahrt verhindert.

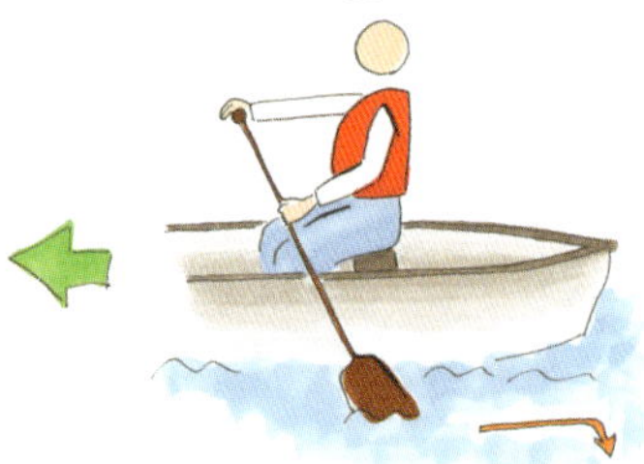

Ziehschlag

Steuerschlag, um das Boot seitlich zu versetzen; dazu das Paddelblatt möglichst weit entfernt senkrecht zur Längsachse und parallel zum Boot ins Wasser tauchen und, nicht zu dicht, an die Bootswand heranziehen und nach oben aus dem Wasser nehmen. Dabei darauf achten, dass das Paddelblatt nicht unter den Bootskörper gezogen wird, da dies zum Kentern führen kann.

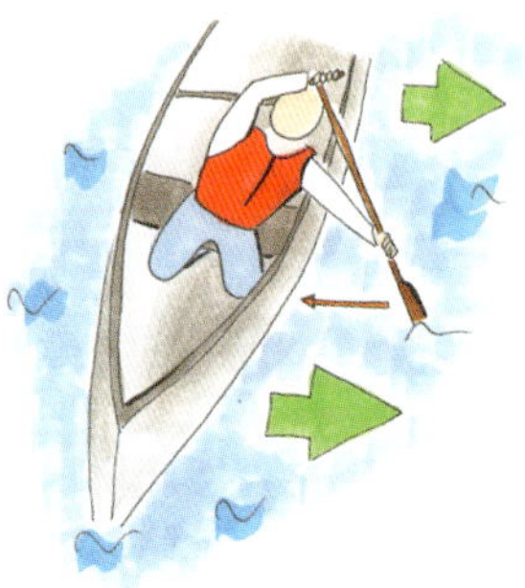

Bogenschlag

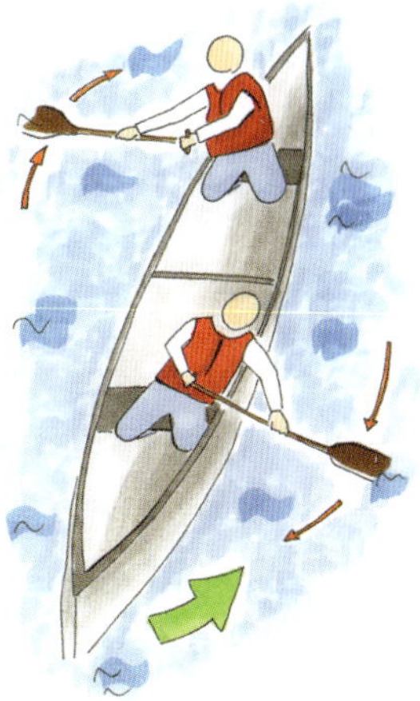

Steuerschlag, um das Boot zu drehen. Um einen Zweier-Canadier auf der Stelle zu drehen, führt der Vordermann den Bogenschlag vorwärts und der Hintermann den Bogenschlag rückwärts aus (oder umgekehrt, aber immer gegenläufig). Vorne vorwärts: das Paddel möglichst weit vorne und dicht am Boot eintauchen und das Paddelblatt flach unter der Wasseroberfläche in einem Viertelskreis bis auf Körperhöhe führen. Hinten rückwärts: Beginn nahe am Heck des Bootes und das Paddelblatt von hinten nach vorne im Viertelskreis bis auf Körperhöhe führen. Dies dreht das Boot weg von der Paddelseite des Vordermanns. Zum Drehen zur anderen Seite werden die Schläge genau gegenläufig durchgeführt: vorne rückwärts, hinten vorwärts. Jeweils gilt, je größer der Radius, desto stärker die Steuerwirkung.

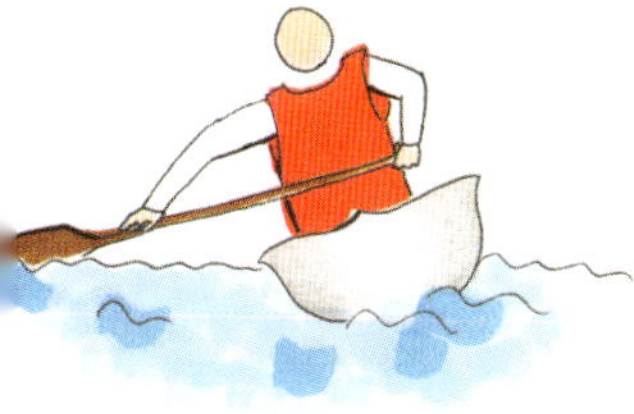

Paddelstütze

Stabilisierungsschlag, bei dem das Paddel als Ausleger genutzt wird, um das Kentern zu verhindern; dazu einfach das Paddel auf der Seite, zu der das Boot zu kippen droht, soweit wie möglich nach außen flach auf das Wasser drücken.

Weiterführende Literatur

„Kanu-Handbuch“, *Praxis-Ratgeber,* Verlag Reise Know-How.

Outdoor Basixx „Kanuwandern“ & „Solo im Kanu“, Conrad Stein Verlag.

„Stechpaddel Fahrschule“ & „Wildwasserfahren“, Thomas Kettler Verlag.

Infos zum für Sie nächstgelegenen Kanukurs bekommen Sie bei

Bundesverband Kanu e.V., c/o BVWW, Gunther-Plüschow-Str. 8, 50829 Köln, Tel. (0221) 59 57 10, www.bvkanu.de

Deutscher Kanu-Verband e.V., Bertaallee 8, 47055 Duisburg, Tel. (0203) 99 75 90, www.kanu.de

Wichtige Infos zum Kanuwandern auf der Weser

Kanufahren ist im Allgemeinen ein ungefährlicher Sport. Voraussetzung ist allerdings, die Einhaltung einiger **Richtlinien:**

- ***Allein*** sollte nur paddeln, wer sein Kanu gut beherrscht.
- Das Tragen eine ***Schwimmweste*** sollte selbstverständlich sein.
- Kinder müssen immer eine ohnmachtssichere Rettungsweste tragen.
- Um vor unliebsamen Überraschungen sicher zu sein, sind vor der Fahrt ***aktuelle Informationen*** über den Streckenverlauf unerlässlich.
- ***Stromschnellen, Wehre*** u. ä. sollten vor einer Befahrung ausgiebig besichtigt werden.
- Das ***Gepäck festzurren*** und gegen Verlust bei Kenterung sichern.
- Nicht ***alkoholisiert*** ins Kanu steigen.
- Grundsätzlich gilt, dass die ***Berufsschifffahrt*** immer Vorfahrt hat.
- Die wichtigsten ***Binnenschifffahrtszeichen*** finden Sie im Umschlag.
- Ein aufgefrischter ***Erste-Hilfe-Kurs*** sollte selbstverständlich sein, um nicht nur anderen, sondern auch sich selbst helfen zu können.

Schleusen

Die Weser ist vom Zusammenfluss von Werra und Fulda bis zur Mündung in die Nordsee durchgehend schiffbare ***Bundeswasserstraße***. Die Oberweser bietet gar den Luxus der nahezu ungehinderten Befahrung.

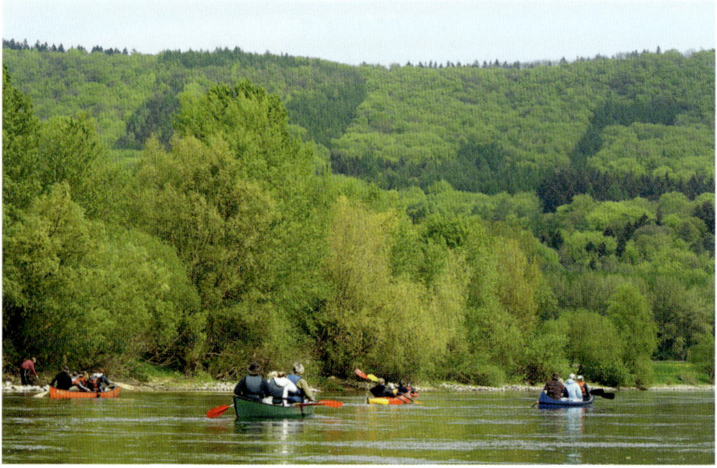

Die 203,7 Kilometer von Hann. Münden nach Minden werden nur durch ein ***Wehr*** in **Hameln** unterbrochen.

Bei Kilometer 134,8 befindet sich die einzige ***Schleuse*** der Oberweser. Paddler können die Fallhöhe von 3,17 Metern spielend über die ***älteste Bootsgasse Deutschlands*** überwinden. Diese wurde 1959 in Dienst gestellt und hat eine Breite von 120 cm.
Alternativ kann auch leicht umtragen oder geschleust werden.

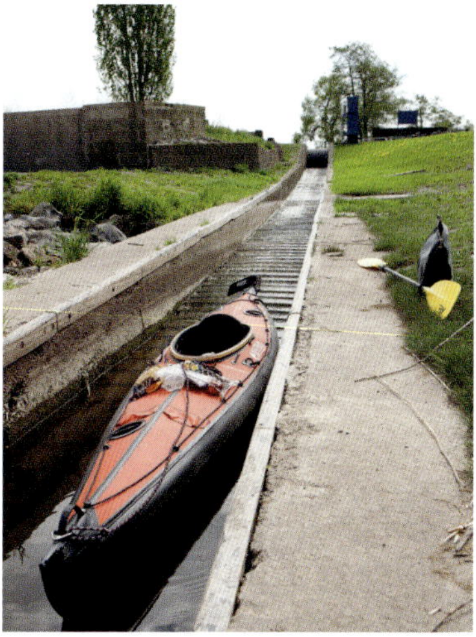

Schifffahrt auf der Weser

Die ***Oberweser*** darf von Schiffen und Schubverbänden befahren werden die maximal 85 Meter lang und elf Meter breit sind. Das größte Problem für die Schifffahrt ist jedoch die häufig geringe Tiefe des Flusses.

Um auch bei ***niedrigem Wasserstand*** den Linienverkehr aufrecht erhalten zu können, darf der Tiefgang der Personenschiffe zwischen Hann. Münden und Bad Karlshafen 45 Zentimeter nicht überschreiten. Die modernen Motorschiffe werden hier vielfach statt mit einem Propeller von modifizierten Raddampfer-Rädern angetrieben.

Manches Schiff hat ferner Stempel, die hydraulisch auf den Grund abgesenkt werden können, um so fixiert in der Flussmitte zu verharren. Die Fahrgäste werden über ausfahrbare Gangways an Land abgesetzt. Das Anlegen gegen die Strömung ist nicht mehr nötig.

Da im Sommer oft größter Touristenandrang mit niedrigstem Wasserstand zusammenfällt, wird manchmal rechtzeitig vor dem Wochenende aus den ***Talsperren*** der Nebenflüsse die abfließende Wassermenge erhöht.

Lastschiffe fahren kaum noch auf der Oberweser – gerade mal 30.000 Tonnen Güter werden jährlich auf Binnenschiffen transportiert.

Vor dem Tourenstart sollten die ***aktuellen Wasserstände*** angeschaut werden. Diese sind im Internet zu finden unter **www.elwis.de** (Wasserstände & Vorhersagen / Weser). Dort stehen ebenfalls die Nummern zur telefonischen **Abfrage der Pegel** Hann. Münden, Wahmbeck, Bodenwerder, Hameln-Wehrbergen, Rinteln, Vlotho und Porta.

Einschränkungen und Hindernisse

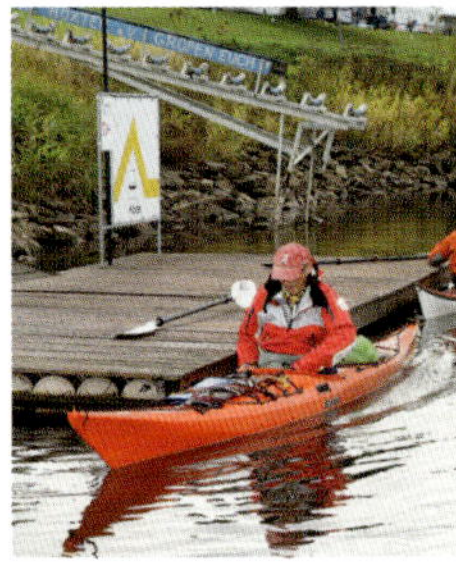

Auf der Weser gilt die ***Binnenschifffahrtsstraßen-Ordnung***, nach der Kanus als Kleinfahrzeuge gelten und Großfahrzeugen ausweichen müssen. Die ***Fahrrinne*** also ***freihalten*** und nur dann kreuzen, wenn dadurch kein Großfahrzeug behindert wird. Da es in den engen Mäandern der Weser aufgrund des Schiffverkehrs manchmal eng werden kann, sollten Paddler ein besonders wachsames Auge auf die Berufsschifffahrt haben. Da kein generelles Rechtsfahrgebot auf der Oberweser besteht, können Kanuten bei Begegnungen in der Innenkurve fahren.

Achtung – die ***Fahrgastschiffe*** auf der Weser können gehörigen ***Wellengang*** verursachen.

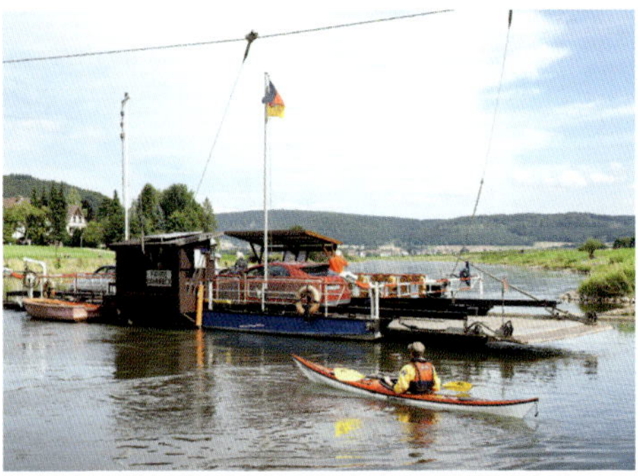

Auf der Weser verkehren ***Seilfähren*** (meist Hochseilfähren), die mit Hilfe der Strömung an einem Seil übersetzen. Sie können nicht ausweichen und haben immer ***Vorfahrt***. Bitte mit ausreichend Abstand und nur wenn sie am Liegeplatz stillliegen passieren.

An ***Wasserskistrecken*** sehr gut ***aufpassen***! Von allen Seiten heranschwappende Wellen können einen leicht aus dem Takt bringen. Wasserski ist nur an den dafür vorgesehenen gekennzeichneten Stellen gestattet. Und zwar bei Tage von 7-20 Uhr (nicht vor Sonnenaufgang bzw. nach Sonnenuntergang) oder zu festgelegten Zeiten, auf die durch zusätzliche Schilder hingewiesen wird. Ferner muss die Sicht gut sein, also mehr als 1.000 Meter betragen. Die Boote, die Wasserskifahrer ziehen, müssen sich möglichst nahe am Ufer halten.

Besonders vorsichtig müssen Paddler auch beim ***Passieren von Reusen*** sein, die an Gestellen befestigt sind, die bis zur Flussmitte reichen. Unbedingt nur an der freigegebenen Seite und mit ausreichend Abstand vorbeifahren, um nicht durch die Strömung in die Reuse zu geraten. **Dann besteht Lebensgefahr!**

Bitte beachten Sie folgende Verhaltens- und Umwelt-Tipps:

- Nicht in ***Pflanzenbestände (Röhricht, Schilfgrün)*** einfahren.
- Zu ***Vogelansammlungen*** Abstand halten, keine ***Wasservögel*** vor sich „hertreiben".
- Nicht durch ***Lärm*** irgendwelche ***Tiere stören***.
- ***Sperrzonen und -zeiten*** respektieren, Abstand zu Gelegezonen halten. Nicht am Ufer ***durch Altarme fahren***, da sich dort oft Brut- oder Laichzonen befinden.
- Flache Gewässer nicht befahren und ***Kiesbänke meiden***, da sonst Beeinträchtigung von Fischlaich, Wasserinsekten und Vogelgelegen.
- ***Offenes Feuer*** im Wald ist in der Zeit vom 1. Mär - 31. Okt verboten. Bei hoher Waldbrandstufe auch an den dafür freigegebenen Feuerstellen.
- Schon von weitem sichtbare ***Informationstafeln*** („Gelbe Welle"-Schilder) markieren die speziell für Wasserwanderer ausgewiesenen ***Ein-/ Ausstiegsstellen*** und ***Rastplätze*** . Dort finden sich meist ***Toiletten***.
- ***Abfälle*** wieder mitnehmen oder diese an den dafür vorgesehenen Rastplätzen in der Mülltonne entsorgen.
- Gruppen bitte zusammenbleiben.
- ***Wildzelten ist im Wesertal verboten!*** Das Angebot an Zeltplätzen, Boots-häuser, Pensionen, Jugendherbergen und Hotels direkt am Wasser ist jedoch so umfangreich, dass jeder eine Übernachtungsmöglichkeit nach seinem Geschmack finden wird.

Wasserschutzpolizei, Polizeistation Minden, Tel. (0571) 886 675 10

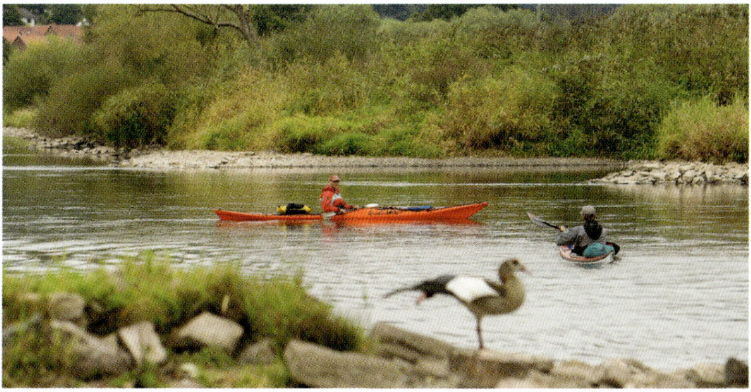

Blick auf die Region

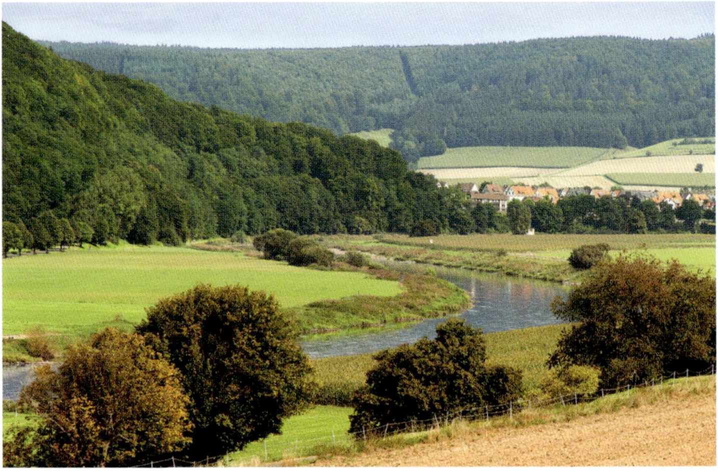

Gesäumt von bewaldeten Hängen windet sich die Weser nach Wahmbeck

Durch die Vereinigung der beiden großen **Quellflüsse Werra und Fulda** entsteht in Hann. Münden die Weser. Der oft zitierte Spruch vom „küssen und büßen müssen" ziert den Weserstein seit 1899. Der einzige ausschließlich auf deutschem Boden fließende Strom windet sich in nördlicher Richtung durchs **Oberweser-Durchbruchstal** zwischen Reinhardswald und Bramwald. Am Kahlberg vor dem Solling biegt er scharf nach Westen ab und hat sich hier bis zu 300 m tief eingegraben. Bis Bad Karlshafen verläuft die Landesgrenze zwischen Niedersachsen und Hessen meist im Fluss, später bildet die Weser die Grenze zwischen Niedersachsen und Nordrhein-Westfalen, bevor sie sich hinter Rinteln durch Nordrhein-Westfalen schlängelt.

Doch vorher wendet sich der Strom am Südwestrand des Solling zunächst wieder gen Norden. Vielerorts wird bis heute **Buntsandstein** gebrochen. Für viele historische Bauwerke fand er Verwendung. Die Ortschaften sind häufig von Fachwerk geprägt. Mal weitet das Tal sich auf, wie etwa bei Höxter, Holzminden oder von Hameln bis Rinteln. Dann rücken die steilen Hänge wieder dicht zusammen, z. B. zur **„Rühler Schweiz"**. Zwischen Holzminden und Bodenwerder durchfließt die Weser die Höhenzüge Burgberg und Vogler, Bestandteile des **Naturparks Solling-Vogler**, dem nördlich von Bodenwerder der **Naturpark Weserbergland Schaumburg-Hameln** folgt.

In Hameln entstand aus einem mittelalterlichen Mühlenstau die einzige Staustufe der **Oberweser**. Unterhalb fließt sie weiter in westliche Richtung, nimmt im Großen Weserbogen bei Vlotho die Werre auf und streift den **Naturpark Nördlicher Teutoburger Wald-Wiehengebirge**. Zwischen Weser- und Wiehengebirge passiert sie das kurze, etwa 200 Meter tiefe **Durchbruchtal der Porta Westfalica**. 80 Meter tiefer als Hann. Münden tritt die Weser in die Norddeutsche Tiefebene ein.

Der Ursprung des **Flussnamens** liegt übrigens im lateinischen Visurgis oder germanischen Visuri für „fließen". Sowohl für Weser wie auch Werra tauchen ab dem 8. Jahrhundert althochdeutsche Namensformen wie Wesera, Wisura, Wisera, Wisora oder Wisara auf. Es wird vermutet, dass Weser und Werra in vergangener Zeit denselben Namen hatten. Werra und Weser wurden erst neuhochdeutsch deutlich getrennt, wobei die heutige Werra zunächst noch als Oberlauf der Weser galt. Lediglich als Nebenfluss wurde die größere, aber kürzere Fulda angesehen.

Mit einer durchschnittlichen **Geschwindigkeit** von etwa vier Stundenkilometern fließt die Oberweser durch ihr mit Buhnen reguliertes, rund 50 Meter breites Bett. Dank der guten Strömung und der hindernisfreien Fahrt zählt eine Wanderfahrt auf der Oberweser zu den schönsten Touren, die Deutschland zu bieten hat. Die abwechslungsreiche Landschaft, zahlreiche reizvolle Orte, kaum Industrie und nur selten Verkehrslärm tun ihr Übriges.

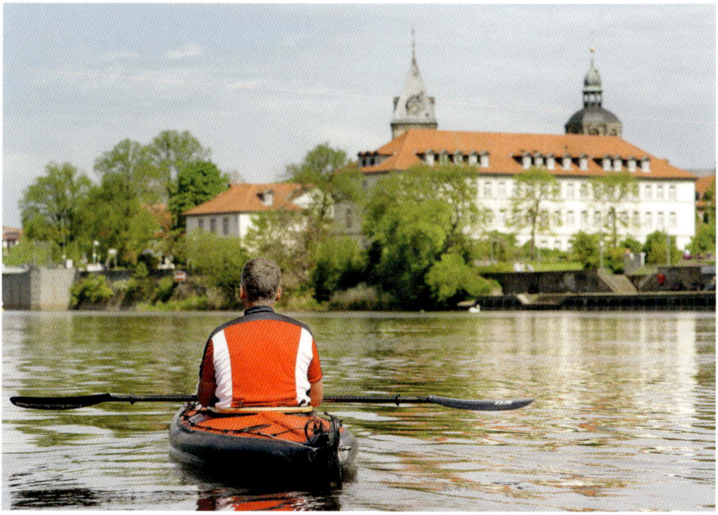

Wichtiges zur Tour und Handhabung des Buches

Die vorgestellte Tour ist bei durchschnittlichem **Wasserstand** einfach und entspannt zu fahren. Allerdings sollte bedacht werden, dass bei verändertem Wasserstand die zügig fließende Weser zu einem reißenden Fluss werden kann!

Die genannten **Übernachtungsstellen** *(Campingplätze, Gasthöfe, Jugendherbergen)* liegen am Wasser oder zumindest in Wassernähe. Um sich seines Bettes sicher zu sein, ist es notwendig, telefonisch vorzubestellen. Dies gilt ebenso für Wassersportvereine. Bei diesen reicht es oft aus, bei Ankunft die an einem Aushang hinterlassene Telefonnummer anzurufen.

Die **Etappenvorschläge** sind dank der flotten Strömung zwischen 25 und 45 km lang und schließen meist **keine** Ausflüge, Wanderungen, längere Stadtrundgänge oder Museumsbesuche mit ein.

Achten Sie also bei der Tourenplanung auf **Ruhetage**. Sie können für vielfältige Aktivitäten genutzt werden. Es wäre schade, nicht wenigstens einigen der zahlreichen malerischen Städte und Dörfer und den sehenswerten Kirchen und Klöstern einen Besuch abzustatten. Wer vom Wasser mal genug hat, den erwartet auf Wander- und Radwegen entlang des Flusses ausreichend Gelegenheit zum Aktivsein.

Öffnungszeiten haben wir so dargestellt: (Di-So 10-17), was heißen soll, dass Dienstag bis Sonntag von 10.00 Uhr bis 17.00 Uhr geöffnet ist. Nicht vergessen: Viele **Museen** haben montags geschlossen.

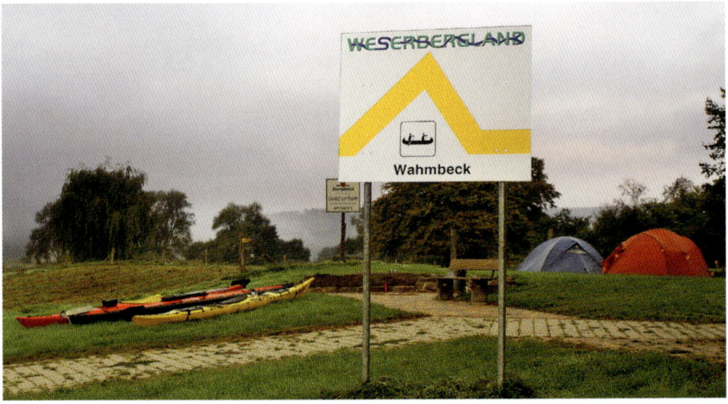

Das „Gelbe Welle“ Schild zeigt, wo Paddler willkommen sind, von der Zeltwiese bis zum Luxushotel

Zu erwähnen bleibt, dass für den **Transport** zur Einsetzstelle oder zum Übernachtungsplatz ein **Kanuwagen** hilfreich sein kann.

Besonders im städtischen Bereich haben wir ein **Spiral- oder Bügelschloss** dabei – es gibt uns ein besseres Gefühl, wenn wir das Kanu einmal längere Zeit unbeobachtet liegen lassen.

Die **Sternchen-Piktogramme** sollen eine schnelle **Einschätzung der Tour zu Aktivitäten, Natur, Kultur usw.** geben – wir haben Sternchen von 0 (wenig) bis 4 (viel) vergeben.

Kilometrierung

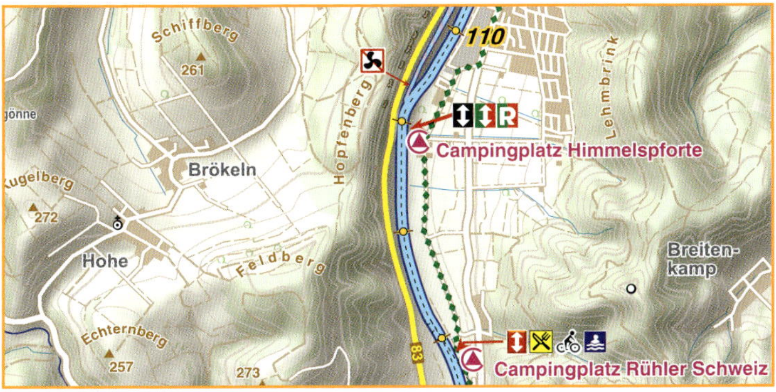

Um Ihnen die Planung der eigenen Tour auf der Weser zu erleichtern, finden Sie sowohl auf den Karten in diesem Buch als auch in der Randspalte neben dem jeweiligen Tourentext **Kilometerangaben**. Sie können die Entfernungen auch leicht in den Karten ablesen: Die Strecke von einem gelben Punkt ⍜ zum nächsten ⍜ entspricht einem Kilometer. Alle fünf Kilometer sind die Kilometerzahlen auf den Karten ausgeschrieben.

Die Tour beginnt in **Hann. Münden** bei Binnenwasserstraßenkilometer ***km 0***. Vom Beginn der Bundeswasserstraße an bis ***km 366,8*** in Bremen ist aufsteigend kilometriert. Unsere Tour endet in Minden bei ***km 203,5.***

Die Orientierung wird – wie an allen Bundeswasserstraßen – durch **Kilometerschilder am Ufer** vereinfacht. Schwarze Zahlen auf weißem Grund geben die vollen Kilometer an, schwarze Kreuze auf weißem Grund sind halbe Kilometer. Schmalere weiße Schilder mit schwarzen Zahlen benennen teilweise gar die 100-Meter-Schritte.

Bei Flusskilometer 171 treffen wir auf einen alten **Vermessungsfehler**. Der Abstand zum Kilometerschild 170 beträgt tatsächlich 1,6 Kilometer.

Infos zur Tour auf der Weser

Aktivitäten	Natur	Kultur	Baden	Hindernisse
★★★★	★★★☆	★★★★	★★☆☆	☆☆☆☆

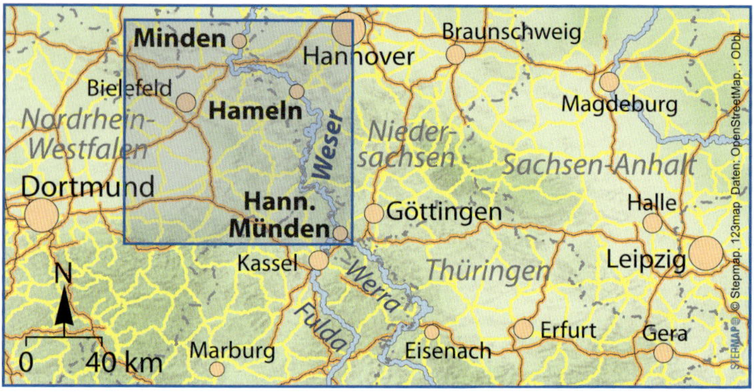

Charakter der Tour

Die Region Weserbergland ist für den sanften Tourismus entdeckt worden. Da industrielle Anlagen entlang der Weser fehlen und die Wasserqualität sich deutlich verbessert hat, ist sie für Paddler zu einem der beliebtesten Wanderflüsse geworden.

Die hier vorgestellte Strecke ist sicherlich der landschaftlich reizvollste Abschnitt des 433 Kilometer langen Flusses. Die Höhenzüge des Bramwaldes, des Reinhardswaldes und des Sollings zwingen den Fluss zu zahlreichen Windungen, so dass sich für den Paddler ständig neue Landschaftsbilder ergeben. Auf unserer Wanderfahrt entdecken wir die alten Städte der Weserrenaissance, Klöster und Burgen, aber auch verwunschene Naturparks, Sagen- und Märchenfiguren wie Doktor Eisenbart, Baron von Münchhausen oder den Rattenfänger von Hameln.

Die schnelle Strömung macht Tagesetappen von 40 Kilometer und mehr möglich, jedoch laden zahlreiche Biergärten, Cafés und Restaurants entlang der Strecke zu Pausen ein.

Man sollte sich vor den Hochseilfähren und den Fahrgastschiffen in Acht nehmen, da letztere gehörigen Wellengang verursachen können.

Im Rahmen des Projekts „Gelbe Welle“ wurde eine für Paddler perfekte Infrastruktur geschaffen. Mehr als 60 (!) Ein- und Ausstiegsstellen lassen alle Freiheiten bei der Etappenplanung. Gewählt werden kann zwischen einfachen Zeltwiesen über Kanuvereine bis hin zum komfortablen Campingplatz. Trotz steigender Paddlerzahlen ist die Weser zu keiner Zeit überlaufen.

Sehenswürdigkeiten *(in der Reihenfolge des Tourenverlaufs)*

Hann. Münden: siehe Blick auf Hann. Münden auf Seite 32.

Gimte: *Marien-Kirche* (1006).

Vaake: *spätroman. Wehrkirche* (13. Jh.) mit Wandmalereien um 1400.

Veckerhagen: *Jagdschloss Veckerhagen* (1689), *Kirche* (1778).

Hemeln: *Kirche* (1681), *Burgruine Bramburg* (11. Jh.).

Sababurg: *Burgruine Sababurg* (1344), *Tierpark.*

Bursfelde: *ehemaliges Benediktinerkloster* (1093).

Wahlsburg: *Klosterkirche Lippoldsberg* (12. Jh.).

Gieselwerder: *Freilichtmuseum Mühlenplatz, Schiffermuseum, „bergauf" fließendes Wasser.*

Bodenfelde: *Heimatmuseum, Weberei-Museum, Schloss Nienover* (1144)

Bad Karlshafen: *„Weiße Barockstadt im Grünen", Gradierwerk, Deutsches Hugenottenmuseum, Rathaus* (1715-18), *Invalidenhaus* (1704-10), *Aussichtsplattform „Weser-Skywalk", Hugenottenturm, Besuchersteinbruch.*

Helmarshausen: *Benediktinerabtei, Museum* (Faksimile des Evangeliar Heinrich des Löwen), *Krukenburg* (roman. Kirchenburg-Ruine).

Herstelle: *Kloster* (1899).

Beverungen: *Cordt-Holstein-Haus* (1662), *Kragstuhlmuseum, Rathaus, Pfarrkirche St. Johannes Baptist* (1698), *Wasserburg.*

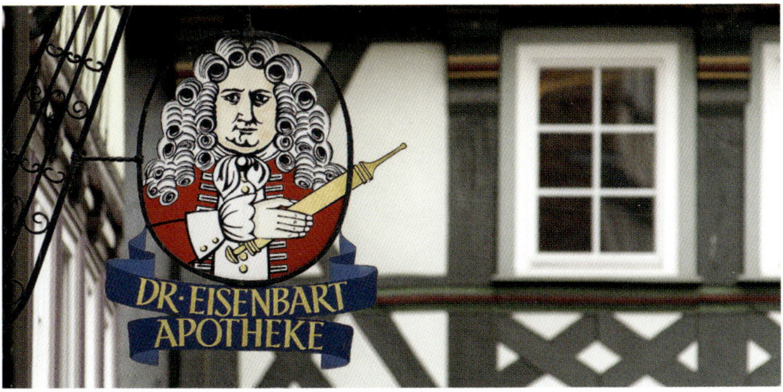

Dr. Eisenbart praktizierte in Hann. Münden

Wehrden: *Schloss Wehrden* (1696, heute in Privatbesitz).

Fürstenberg: *Porzellanmanufaktur-Museum* im ehemal. Jagdschloss.

Boffzen: *Erlöserkirche* (1730), *Glasmuseum.*

Höxter: siehe Blick auf Höxter *Seite 54.*

Lüchtringen: neugotische *Pfarrkirche St. Johannes Baptist.*

Albaxen: *Trutzburg Tonenburg* (1675).

Holzminden: siehe Blick auf Holzminden *Seite 60.*

Bevern: *Weserrenaissance-Schloss* (1603-12) mit Museum.

Heinsen: *Heimat- und Schifffahrtsmuseum, Kalkofen.*

Polle: *Burgruine Polle* (1285), *Aschenputtelspiel* *(Mai-Sep an jedem 3. So um 14.15 Uhr, Eintritt frei).*

Bodenwerder: *Münchhausen-Museum, hist. Altstadt, Torturm* (um 1300) und *Bastion, Kapelle St. Gertrudis, Stadtkirche St. Nikolai* (15 Jh.), 1.000-jährige *Klosterkirche* (Ortsteil Kemnade) mit *Grabmal des Freiherr von Münchhausen.*

Hehlen: *Wasserschloss* (1579).

Emmerthal: *Hämelschenburg* mit Marienkirche (1563).

Tündern: *Holländerwindmühle* (1883), *Dorfmuseum.*

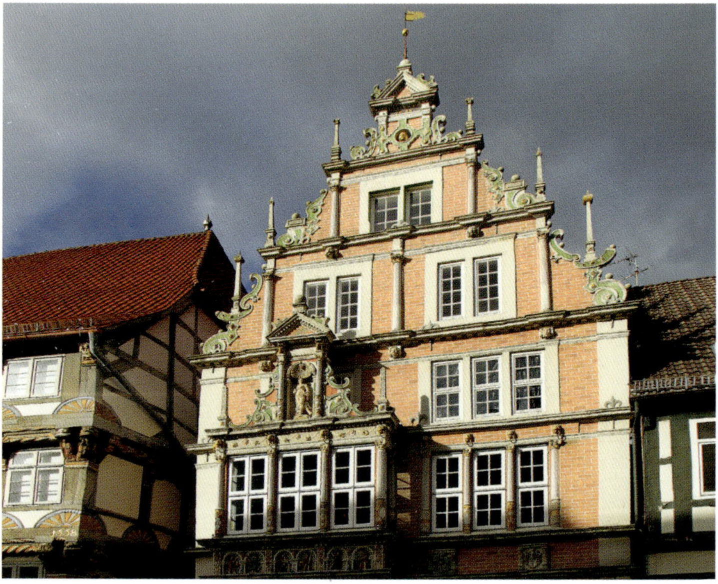

Mit viel Liebe und großem Aufwand wurde die Altstadt von Hameln saniert

Hameln: siehe Blick auf Hameln *Seite 74.*

Fischbeck: *Stiftskirche* (955).

Hessisch Oldendorf: *Münchhausen-Hof* (Adelshof der Weserrenaissance von 1585), *„Schillat-Höhle"* (Tropfsteinhöhle) bei Langenfeld

Großenwieden: got. St. Matthaei-Kirche mit Fresken und Tabernakel (1300).

Rinteln: siehe Blick auf Rinteln *Seite 82.*

Eisbergen: *Windmühle* (1855), *romanische Kirche* (1200).

Vlotho: *Fachwerkhäuser* des 16./17. Jh. in der Langen Straße, *Amtshausberg mit Burgruine, Kirche St. Stephan* (1250), *Sankt-Johannis-Kirche* (1782/83).

Bad Oeyenhausen: *Deutsches Märchen- und Wesersagenmuseum, Museumshof, Kaiserpalais, Kurpark* mit hist. Gebäuden, *Ronald McDonald-Elternhaus und Energie-Forum* des amerik. Architekten Frank O. Gehry.

Porta Westfalica: *Kaiser-Wilhelm-Denkmal* (1896), *Weserscharte, Wittekindsburg* (Fluchtburg der Sachsen).

Minden: siehe Blick auf Minden *Seite 93.*

Weitere Aktivitäten *(Infos dazu bei den jeweiligen örtlichen Tourist-Infos)*

Paddeln

1. ***ICF-Wesermarathon*** der Kanuten im Mai zwischen Hann. Münden und Hameln. | **2.** Auf der ***Weser von Minden bis zu ihrer Mündung*** in die Nordsee bei Bremerhaven oder bis Bremen. | **3.** Alternativ auf ***Werra, Fulda, Eder, Diemel, Emmer oder Werre.*** | **4.** In ungeraden Jahren veranstaltet der „Ring der Wassersportvereine um die Porta Westfalica" in Minden das ***„Blaue Band der Weser".*** | **5.** Am ersten Septemberwochenende treffen sich Wassersportler zu Wettkämpfen, die von einem Volksfest und ***„Weser in Flammen"*** begleitet werden.

Wandern

Es gibt zahlreiche Wanderwege durch das Weserbergland. **1.** ***Zur Sababurg*** mit Tierpark (von Gieselwerder 7 km) | **2.** im ***Bramwald,*** im ***Reinhardswald,*** im ***Solling-Vogler*** (von Bad Karlshafen, Höxter, Holzminden) | **3.** von Heinsen auf den ***Köterberg*** | **4.** in die ***„Rühler Schweiz"*** bei Bodenwerder | **5.** von Grohnde ins ***Emmertal*** (Hämelschenburg) | **6.** im ***Weser- und Wiehengebirge*** (von Minden oder Porta Westfalica) | **7.** im ***Naturpark Weserbergland*** (zwischen Hameln und Hessisch Oldendorf) | **8.** auf dem ***Märchenlandweg,*** auf dem ***Weserberglandweg*** (Minden – Hameln – Hann. Münden) | **9.** Der ***Wittekindsweg*** (95 km) verläuft zwischen Osnabrück und Porta Westfalica auf dem Kamm des Wiehengebirges entlang der Reste der Wittekindsburgen genannten Befestigungsanlagen.

Radfahren

1. ***Weser-Radweg*** (465 km) von Hann. Münden bis Cuxhaven | **2.** ***Rundtour*** von Minden durch den ***Teutoburger Wald*** | **3.** ***Kirchen & Klöster-Route*** (54 km) von Rinteln nach Lachem | **4.** ***Rund um den Klüt*** (33 km) umrundet den Hamelner Hausberg Klüt | **5.** ***Süntel-Weser-Tour*** (34 km) von Hameln durch Sünteldörfer nach Holtensen | **6.** Auf dem ***Diemel-Radweg*** (112 km) von Willingen-Usseln bis Bad Karlshafen | **7.** ***Mühlenroute*** (250 km) Rundkurs vorbei an über 40 Mühlen | **8.** ***Fürstenroute*** (Minden – Steinhuder Meer) | **9.** Die hessischen ***Radfernwege R1*** (Fuldaradweg) und ***R4*** enden in Bad Karlshafen | **10.** Die ***D-Route 9*** verläuft auf der ***Weser-Romantische Straße*** | **11.** Mountainbike-Touren im ***Naturpark Solling-Vogler*** und im ***Hochsolling.***

Baden

1. ***Badeseen*** mit langem Sandstrand vor Höxter | **2.** ***Doktorsee*** bei Rinteln | **3.** ***Freizeitzentrum Borlefzen*** bei Vlotho | **4.** ***Therme*** in Bad Oeynhausen | **5.** in Bad Karlshafen | **6.** im ***Wassersportzentrum „Großer Weserbogen"*** kurz vor Porta Westfalica | **7.** ***Freibäder*** in Hann. Münden, Gieselwerder, Höxter, Holzminden, Polle, Bodenwerder, Hameln, Hess. Oldendorf, Rinteln und Minden.

Fahrgastschiffe

Wer die Weser ganz entspannt bereisen will (oder um zurück zum Ausgangsort der Paddeltour zu kommen) findet einen umfangreichen Linien-Fahrplan der ***Fahrgastschiffe der „Flotte Weser"*** oder ***„Linie 2000".*** Infos unter www.flotte-weser.de oder www.weserschiff-linie2000.de

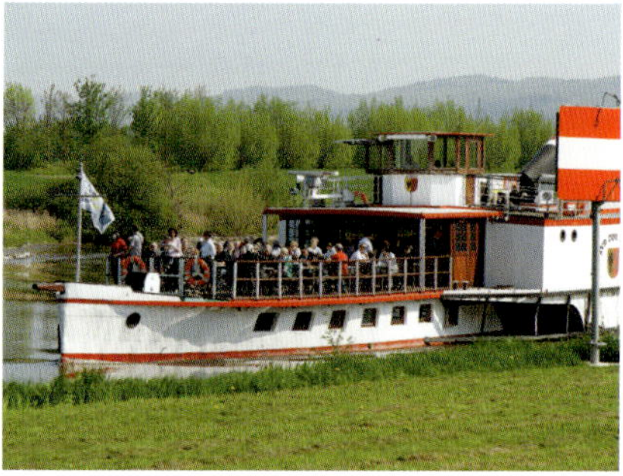

Floßtouren

Auf der Weser bietet der Veranstalter ***„Floßtouren im Weserbergland"*** (www.flosstouren.de) an.

Geocaching-Tour und Stadtrallye

In Holzminden, Hameln, Minden (www.stadtrallye.de).

Nordic Walking

Auf beschilderten Strecken im Nordic Walking Park Weserbergland.

Draisinenfahrten von Bodenwerder (www.3sine.net/bodenwerder).

Drachenfliegen von der Wittekindsburg im Wiehengebirge.

Museumseisenbahn Minden Fahrt auf den Mindener Kreisbahnen (MKB) ab Minden (www.museumseisenbahn-minden.de).

Besucherbergwerk Kleinenbremen
im Wesergebirge zwischen Bückeburg und Rinteln (www.bb-mk.de).

Lohnende Ausflüge

1. Schloss Bevern
2. Bückeburg mit Renaissance-Schloss & Hubschraubermuseum
3. Schloss Bad Pyrmont
4. Schloss Paschenburg
5. Schloss Schaumburg

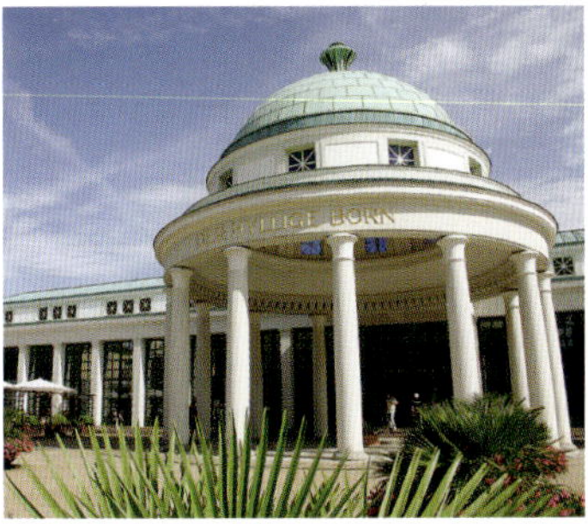

Der Hyllige Born im Staatsbad Pyrmont

Anreise

A 7 Hannover – Kassel, Abfahrt 75 Hann. Münden, und über K 206 und B 80 nach Hann. Münden.

Einsetzstelle

In **Hann. Münden** an der Fulda unterhalb des Wesersteins, ***auf der Insel „Unterer Tanzwerder"***. *(Navi: Hann. Münden, Tanzwerder).* Dort kostenloser Parkplatz.

Aussetzstelle

MInden: *Gelände des MTV 1860 Minden, Weserpromenade 26.*
Oder Parkplatz Messegelände auf rechter Flussseite mit Zufahrt zu einem als Aussetzstelle geeigneten Sandstrand unmittelbar vor der Brücke.

Zurück zum Pkw

Mit dem Zug von Minden über Hannover und Göttingen (2 x umsteigen) in zwei bis zweieinhalb Stunden zurück nach Hann. Münden. Teilstrecken lassen sich mit den Fahrgastschiffen oder per Rad auf dem Weserradweg zurücklegen.

Länge & Dauer der gesamten Tour

203 km. Dank der guten Strömung können die Kilometer in 4-6 Tagen „abgespult" werden. Wir empfehlen mind. 7, besser 10-14 Tage, um ausreichend Zeit für die lohnenden Besichtigungen und Ausflüge zu haben.

Etappenvorschlag für die Tour auf der Weser

1. Tag: Hann. Münden – Campingplatz Weißehütte (22 km)
2. Tag: Campingplatz Weißehütte – Bad Karlshafen (22,5 km)
3. Tag: Bad Karlshafen – Schloss Corvey (26,5 km)
4. Tag: Schloss Corvey – Campingplatz Grave (28 km)
5. Tag: Campingplatz Grave – Hameln (36 km)
6. Tag: Hameln – Vlotho (45 km)
7. Tag: Vlotho – Minden (23 km)

Die Etappenvorschläge sind beliebig variierbar. Aufgrund des sehr umfangreichen Angebots an Übernachtungsmöglichkeiten sind die Möglichkeiten schier unendlich. Wir haben die Etappen da enden lassen, wo Ausflüge oder Besichtigungen lohnen. Weitere lohnende Orte, an denen sich eine Tagestour beenden lässt, sind: Höxter, Holzminden oder Rinteln.

Tipps für Tagestouren mit dem Kanu

1. ***Bodenwerder – Hameln*** (30 km)
2. ***Höxter – Polle*** (24 km)
3. ***Beverungen – Holzminden*** (23 km)
4. ***Hameln – Rinteln*** (24 km)
5. ***Bad Oeynhausen – Minden*** (14 km).

Adressen

*Adressen der **Übernachtungsmöglichkeiten in Wassernähe** finden Sie im Adressteil nach Ortsnamen alphabetisch aufgelistet ab Seite 94.*

*Zusätzlich finden Sie die **Telefonnummern der Übernachtungsmöglichkeiten** im Tourenteil des Buches in der Randspalte beim jeweiligen Ort.*

*Adressen von **Kanuvermieter & Tourenanbietern** finden Sie ab Seite 99.*

*Adressen von **Fahrradvermietern** finden Sie im Adressteil ab Seite 100.*

*Adressen zu **Sehenswürdigkeiten** finden Sie ebenfalls alphabetisch nach Ortsnamen sortiert im Adressteil ab Seite 100, Tourist-Infos ab Seite 104.*

Literatur- und Karten-Tipps *finden Sie auf Seite 106*

Etappe 1 – Von Hann. Münden bis Höxter

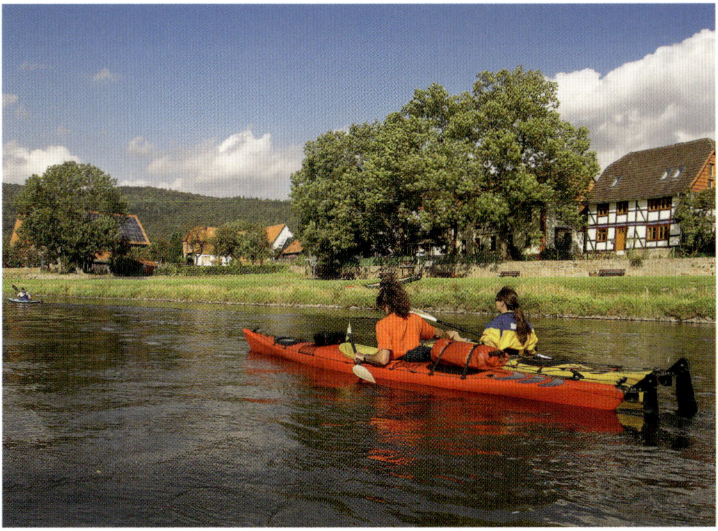

Häufig passieren wir hübsche Fachwerkhäuser, wie hier in Bursfelde

Einsetzstelle

Hann. Münden an der Fulda
(kurz vor Weser-km 0)

Unterhalb des Wesersteins auf der Insel „Unterer Tanzwerder".
Navi: Hann. Münden, Tanzwerder.
Dort kostenloser Parkplatz.

Aussetzstelle

Weser Aktivhotel Corvey
(Weser-km 71)

Corvey 1, 37671 Höxter
Navi: Corvey 1, Höxter.
Dort Camping oder Zimmer.

Länge & Dauer der Etappe

71 km, 2-3 Tage

Schleusen oder Bootsgassen

Keine

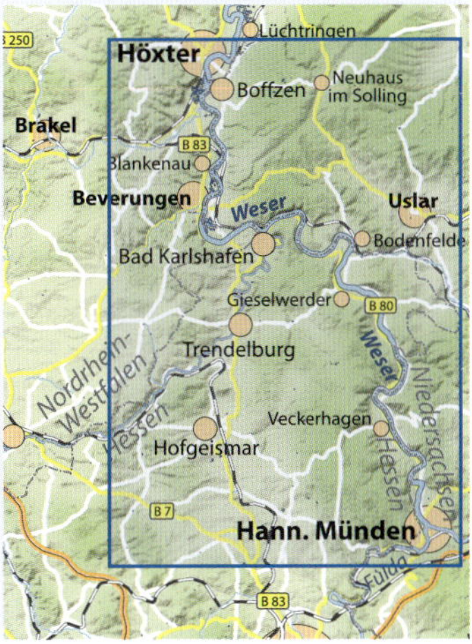

Blick auf Hann. Münden

Die Stadt erhielt erst 1990 durch einen Ratsbeschluss ihren offiziellen Namen Hann. Münden. Dabei gründete der Landgraf von Thüringen bereits 1183 eine Stadt im Mündungsdreieck von Werra und Fulda, nachdem es zuvor schon eine Siedlung am linken Weserufer, beim heutigen Altmünden, gab. Das Stapelrecht begründete im 13. Jh. den Wohlstand der Stadt, der durch florierenden Handel kontinuierlich anstieg. Aus dem 16. Jh. stammen die zahlreiche Bauten der Stadt im sogenannten Weser-Renaissance-Stil.

Mit über 700 reich verzierten Fachwerkhäusern aus sechs Jahrhunderten kann Münden auf ein einmalig geschlossenes Stadtensemble von europäischem Rang verweisen. Die bewaldeten Höhen vom Kaufunger Wald, Bramwald und Reinhardswald, die von einem solch klingenden Wanderweg wie dem „Märchenlandweg" durchschnitten werden, schließen die Stadt ein.

Das wahrscheinlich bekannteste Wahrzeichen ist der Weserstein. Tausende Touristen haben den viel zitierten Spruch vom 31. Juli 1899 gelesen:
„Wo Werra sich und Fulda küssen, sie ihren Namen büßenmüssen. Und hier entsteht durch diesen Kuss, Deutsch bis zum Meer der Weserfluss".

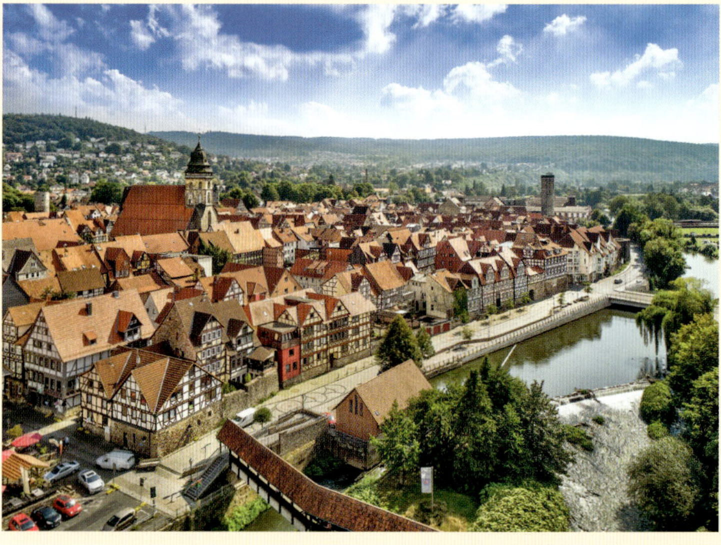

Für den weitgereisten Alexander von Humboldt war Hann. Münden eine der sieben schönst gelegenen Städte der Welt

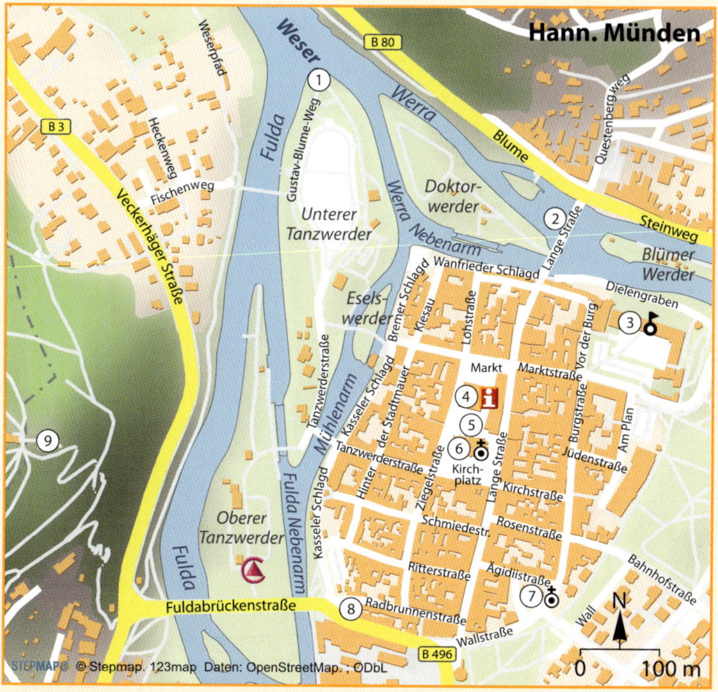

① ***Weserstein*** (1899)

② ***Alte Werrabrücke*** (1329)

③ ***Welfenschloss*** (1501) mit städtischem Museum

④ ***Rathaus*** mit ***Doktor Eisenbart Glockenspiel*** im Giebel *(12, 15, 17 Uhr)*

⑤ ***„Wasserspuren"***, umgestaltete Innenstadtplätze (EXPO-Projekt)

⑥ ***St.-Blasius-Kirche*** (13. Jh.)

⑦ ***St.-Aegidien-Kirche***

⑧ ***Museum der Arbeit***

⑨ ***Tillyschanze*** (1885)

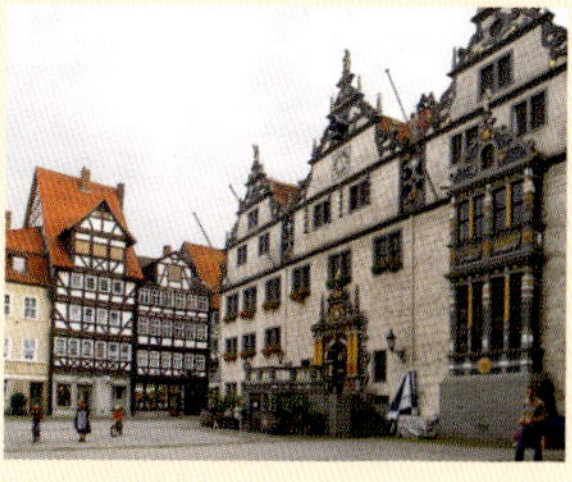

Hann. Münden Marketing, Lotzestraße 2, Tel. (05541) 753 13
www.hann.muenden-tourismus.de
Öffentliche Stadtführungen, teilweise als Kostümführungen

Start km 0

Die Spitze der *Insel „Unterer Tanzwerder"*, unterhalb des Wesersteins, ist eine ideale ***Einsetzstelle***. Das Auto kann gut auf dem riesigen kostenlosen ***Parkplatz*** für die Dauer der Tour geparkt werden. Für empfindliche Faltboote eignen sich auch die Steinstufen neben dem Schiffsanleger an der Fulda.

Campingplatz Hann. Münden (05541) 122 57

Kanu Schumacher (05675) 72 5 905

Gasthaus Weserstein (05441) 725 59

Wer die Nacht auf dem ideal gelegenen ***Campingplatz*** *(Kanuvermietung)* auf Tanzwerder verbringt, kann direkt unterhalb der Fuldaschleuse einsetzen. Wer lieber im Bett schläft, das ***Gasthaus Weserstein*** bietet Zimmer auf der Insel Tanzwerder.

Die Strömung wird wenige Meter weiter am Zusammenfluss mit der *Werra* kräftig und trägt uns zügig hinaus aus **Hann. Münden**, das der weitgereiste Alexander von Humboldt als „eine der sieben schönst gelegenen Städte der Welt" bezeichnete.

km 1,2

Jugendherberge Hann. Münden (05441) 88 53

Vorbei an Kläranlage, Winterhafen und ehemaligem Wasserübungsplatz taucht der Schwimmsteg der ***Jugendherberge*** am linken Ufer auf.

km 2,1

Im Mündener Ortsteil **Gimte**, einem ehemaligen Fischer- und Flößerort, steht an einem flachen Mini-Strand bereits das dritte ***„Gelbe Welle" Schild***. Die 1006 erbaute ***Marienkirche*** gehört zu den deutschen ***Radwegekirchen***. Dort erhalten Radfahrer Informationen zur Region und ihrer Tour.

Haus Froschkönig (05441) 701 97 90

Das ***Haus Froschkönig*** lockt mit Doppelzimmern und FeWo im schmucken Fachwerkhaus auf einem schönen, bis ans Wasser reichenden Grundstück.

Nur drei Häuser weiter bietet das ***Restaurant „Zum Weserblick"*** *(Di Ruhetag)* Küche aus Sri Lanka.

km 3,6

Vor der nun folgenden Linkskurve plätschert von rechts der *Schedebach* heran. Am gegenüberliegenden Ufer stehen die Reste des zu Gimte gehörenden **Klostergut Hilwartshausen**.

König Otto I. gründete im Jahr 960 das Augustinerinnenstift. Der ehemalige Barockpark ist inzwischen

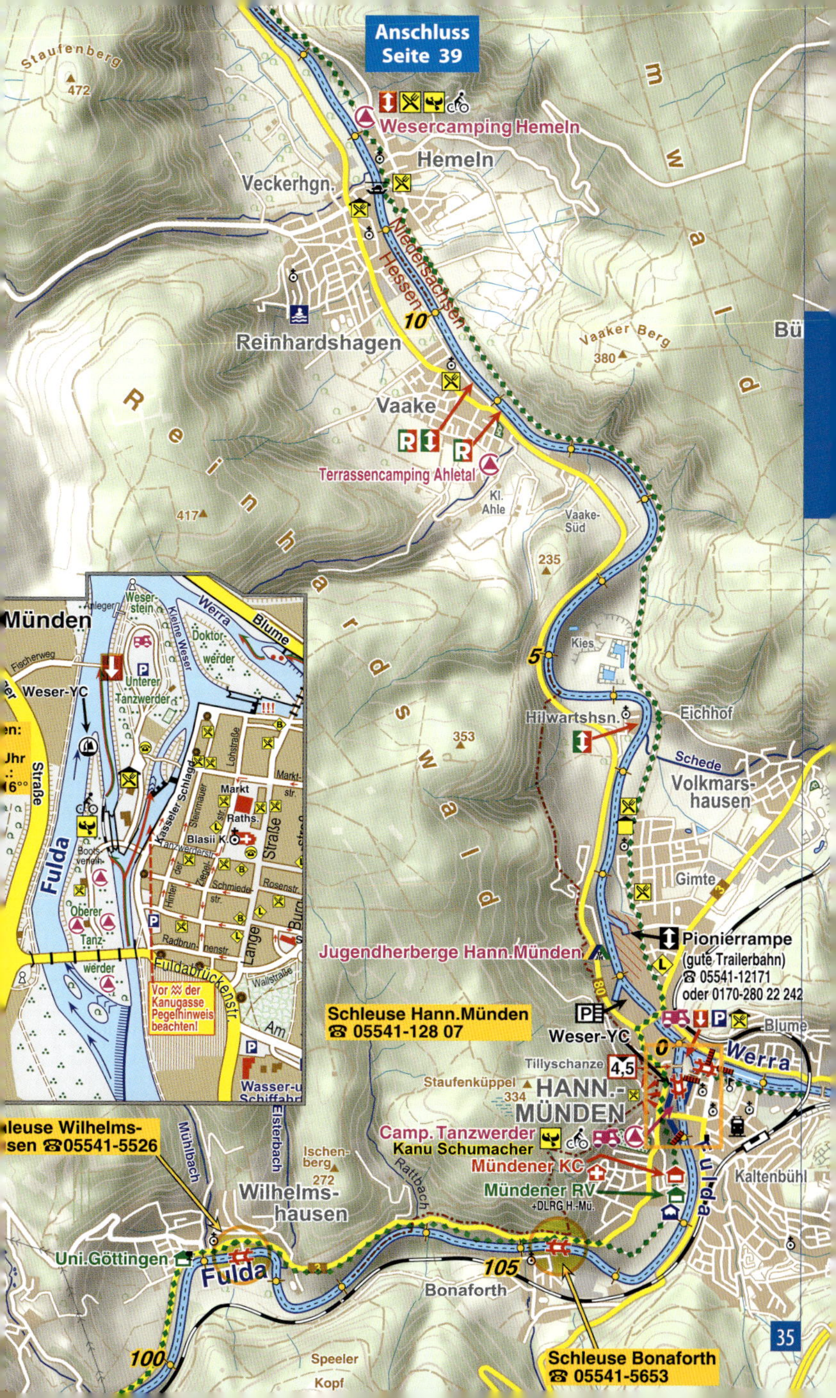
Anschluss Seite 39
Wesercamping Hemeln
Hemeln
Veckerhgn.
Niedersachsen
Hessen
Reinhardshagen
Vaake
Terrassencamping Ahletal
Kl. Ahle
Vaake-Süd
Vaaker Berg
380
Staufenberg
472
417
235
353
Reinhardswald
Bü
Kies
Hilwartshsn.
Eichhof
Schede
Volkmars-hausen
Gimte
Pionierrampe
(gute Trailerbahn)
☎ 05541-12171
oder 0170-280 22 242
Jugendherberge Hann.Münden
Schleuse Hann.Münden
☎ 05541-128 07
Weser-YC
Blume
Werra
Tillyschanze
4,5
Staufenküppel
334
HANN.-MÜNDEN
Camp. Tanzwerder
Kanu Schumacher
Mündener KC
Mündener RV
+DLRG H.-Mü.
Fulda
Kaltenbühl
Ischen-berg
272
Wilhelms-hausen
Rattbach
Mühlbach
Elsterbach
Uni.Göttingen
Bonaforth
Speeler Kopf
Schleuse Bonaforth
☎ 05541-5653
leuse Wilhelms-sen ☎05541-5526
Münden
Anleger
Weser-stein
Kleine Weser
Doktor-werder
Fischerweg
Unterer Tanzwerder
Weser-YC
Kasseler Schlagd
Steinmauer
Lohstraße
Markt
Raths.
Blasii K.
Markt-str.
Tanzwerderstr.
Ziegel-
Hinter der
Schmiede-str.
Rosenstr.
Straße
Lange
Burg
Radbrunnenstr.
Boots-verleih
Oberer Tanz-werder
Fuldabrückenstr.
Wallstraße
Am
Vor ≈ der Kanugasse Pegelhinweis beachten!
Wasser-u Schiffahr
Straße
Fulda
Jhr
10
5
0
105
100
80
3

stark überwachsen, die gotisch-barocke Kirche von 1680 mit ihrem markanten Treppengiebel kann aber besichtigt werden. Den Schlüssel gibt es bei der Gutsverwaltung.

km 8,9

In zarten Windungen schlängelt sich die Weser nach Norden durch die erste Engtalstrecke, flankiert vom bis ans Ufer reichenden ***Reinhardswald*** links und dem ***Bramwald*** rechts.

Charakteristisch für die Weser sind die Buhnen, die zu beiden Seiten in den Fluss hineinragen und ein Auswaschen der Uferbefestigung verhindern sollen.

km 9,3

Café Teria
(05544) 999 71 88

Das hessische Dorf **Vaake** weiß am linken Ufer mit hübschen Fachwerkhäusern und der malerisch gelegenen spätromanischen Kirche aus dem 14. Jh. zu gefallen.

Am Schwimmsteg lässt es sich komfortabel aussteigen. Alternativ schon vorher an einer Slipbahn, unterhalb der *Café Teria*.

km 11,4

Hotel Peter
(05544) 10 38

Restaurant Zur Fähre
(05544) 579

Veckerhagen am linken Ufer wird durch die erste von vielen ***Hochseilfähren*** auf der Oberweser mit Hemeln verbunden. Auf hessischer Seite liegt das *Hotel „Peter"* direkt am Fähranleger, im niedersächsischen **Hemeln** ist das *Restaurant „Zur Fähre"* mit Biergarten und leckerem Essen aus der Hausschlachterei seit Jahren beliebtes Ausflugsziel.

Die 1996 aus einem Baumstamm geschaffene Holzskulptur in **Veckerhagen** *zeigt Brama, eine der drei Töchter des Riesen Kruko. Der Sage nach erbaute sie die* ***Bramburg*** *und ihre Schwester Saba die* ***Sababurg****. Die Schwester Trendula trat als einzige nicht zum christlichen Glauben über, tyrannisierte ihre Schwestern und erwürgte schließlich Saba in der Nähe der* ***Krukenburg****. Die* ***evangelische Kirche*** *in Veckerhagen wurde 1780 fertiggestellt, die in Hemeln gar schon 1681 nach dem Dreißigjährigen Krieg. Das Veckerhagener* ***Weserbarock-Schloss*** *von 1690 ist heute in Privatbesitz.*

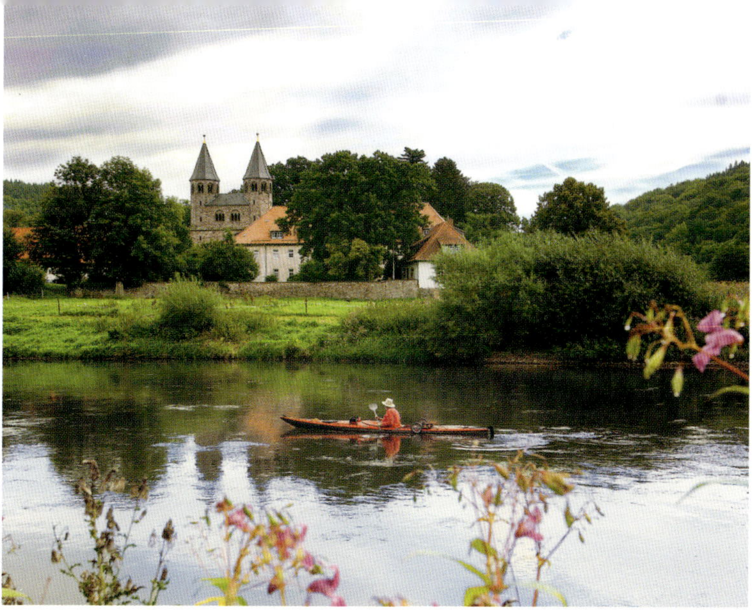

Ruhe finden und Kraft schöpfen – das ist das „Oase"-Konzept im 900 Jahre alten Kloster Bursfelde, das Einzelgäste ab zwei Nächte beherbergt

Am Ortsausgang von Hemeln kann am ***Campingplatz Wesercamping Hemeln*** an einer Slipbahn angelandet werden.

Ein Bistro, Zimmer, Mobilheime und Ferienwohnungen sowie die sympathischen Betreiber und himmlische Ruhe qualifizieren diesen Platz sowohl für einen längeren Aufenthalt, als auch einen alternativen Tourenstart für diese Wesertour.

km 12,2

Wesercamping Hemeln
(05544) 14 14

Die Weser beschreibt nun eine S-Kurve. In ihr rücken die einsamen Ufer dicht zusammen. Oberhalb des Flusses versteckt sich rechtsufrig die ***Ruine*** der 1063 erstmals erwähnten ***Bramburg***. 500 Meter weiter markiert die ***„Gelbe Welle"*** am steinigen Ufer die ***Anlegestelle*** des ***Zeltplatzes Bramwald*** vor dem Ort **Glashütte**. Nach vorheriger Anmeldung können hier Gruppen und Einzelpersonen campieren. Es gibt einfache sanitäre Anlagen, eine überdachte Grillstelle und viel Natur.

km 16,5

Zeltplatz Bramwald
(05544) 72 11
0162-136 19 66
Frühzeitige Anmeldung!

km 18,8

Hotel-Restaurant-Café Klostermühle
(05544) 898 99 98

Noch komfortabler lässt sich die Nacht in **Bursfelde** in der *„Klostermühle"* nach einem schmackhaften Abendessen verbringen. Kurz hinter der Mündung der *Nieme* bietet ein Schwimmsteg eine bequeme Ausstiegsmöglichkeit. Auch für den Besuch des ***Klosters Bursfelde***.

Die Stiftskirche der ehemaligen Abtei mit Wandmalereien ist sehenswert. 1093 als Benediktinerabtei von Graf Heinrich dem Fetten gestiftet, wurde es mit Mönchen des Klosters Corvey besetzt. Am besten erhalten ist die romanische Kirche St. Thomas und Nikolaus. Deren Glocke stammt aus dem Königsberger Dom und wurde nach dem Zweiten Weltkrieg vom Hamburger Glockenfriedhof nach Bursfelde gebracht.

Wer sich die Beine vertreten möchte, kann dies auf dem ***Klaus-Bahlsen-Pfad*** an der *Nieme-Mündung* rund um das Kloster Bursfelde tun. Infotafeln informieren über das Renaturierungsprojekt.

km 22,2

Campingplatz Weißehütte
(05574) 998 99 94
01525-755 15 98

Gasthaus Zum Lindenwirt
(05574) 402

Gute drei Kilometer weiter liegt links auf Höhe der Slipbahn mit Ponton der ***Camping Weißehütte*** *(auch FeWo)*. Von hier aus bietet sich eine herrliche ***Wanderung*** von vier Kilometern durch den ***Reinhardswald*** hinauf zur 1334 entstandenen ***Sababurg***.

Heute kennt der Volksmund die Burgruine als Dornröschenschloss nach dem Brüder-Grimm-Märchen. An der Burg lockt der 1571 gegründete Tierpark Sababurg. Westlich davon der ***Urwald Sababurg****, ein Naturschutzgebiet mit bis zu 1.000-jährigen Eichen.*

km 22,9

Nach 700 Metern ist am linken sandigen Ufer der komfortable ***Grillplatz „Bei den Eichen"*** hinter Bäumen versteckt.

Der Ort **Gottstreu** liegt wenig später am Hang jenseits der Bundesstraße 80. *Er wurde 1722 von Landgraf Karl von Hessen-Kassel als Kolonie für in Frankreich wegen ihres Glaubens verfolgte Waldenser gegründet.*

Anschluss Seite 43

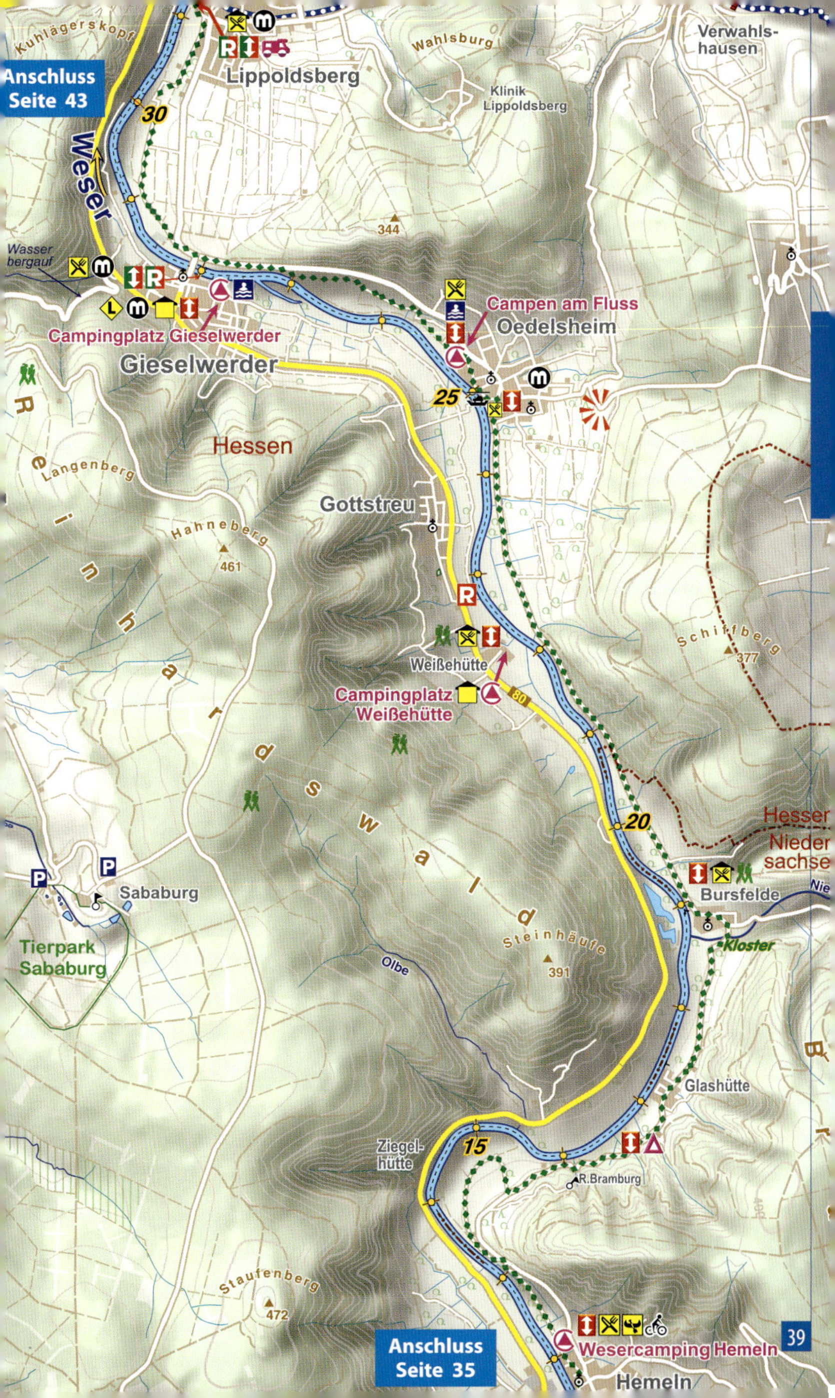

Anschluss Seite 35

km 24,8

Café-Restaurant Fährhaus
(05574) 94 47 35
Mo Ruhetag

Dorf-Museum
Mai-Okt So 15-17

Bei **Oedelsheim** quert die nächste ***Gierseilfähre*** die Weser. Das ehemalige Schifferdorf mit netter Weserpromenade bietet sich zur Rast an ***(Fährhaus Oedelsheim).*** *Die Ortsmitte bildet ein ganzes Fachwerkviertel. Das* ***Dorf-Museum*** *in einem diemelsächsischen Fachwerkbau von 1656 zeigt die Ausstellung „Flößerei an der Oberweser". Ganz in der Nähe steht die mannshohe Holzfigur des Gestiefelten Katers.*

km 25,2

Campen am Fluss
(05574) 94 57 80

Auf dem 4-Sterne-***Campingplatz Oedelsheim „Campen am Fluss"*** *(DKV-Kanustation)* mit Slipbahn und Anlegestegen erhalten DKV-Mitglieder Rabatt. Außerdem können alle Campingplatzgäste kostenlos das nebenan liegende ***Hallenbad*** nutzen.

km 27,8

Campingplatz Gieselwerder
(05572) 76 11
0151-70 91 95 50

In zarten Windungen verläuft der Fluss weiter nach Westen. Vorbei an Wiesen und Feldern erreichen wir **Gieselwerder** und an einem Altarm am linken Ufer den ***Campingplatz Gieselwerder*** am ***Freibad*** *(Camper baden gratis).* Ein Zirkuswagen bietet eine nette Alternative zur Zeltübernachtung.

km 28

Pension Schweinberger
(05572) 74 67

Schiffermuseum Gieselwerder
(05572) 500
Mai-Sep So 14-17

Weberei-Museum
(05572) 44 48
Apr-Okt So 14-17

Freilichtmuseum Mühlenplatz
(05572) 15 10
Mo-Fr 12-18
Sa+So 10-18

Für den Besuch des erstmals 1093 urkundlich erwähnten Ortes oder eine ***Wanderung*** in den ***Reinhardswald*** (7 km zur Sababurg) gibt es vor der Straßenbrücke eine gute Aussetzstelle.

An der Straße nach Gottsbüren ist an einem Bach das in Deutschland wohl einzigartige ***Phänomen des „bergauf" fließenden Wassers*** zu bestaunen – es beruht auf einer optischen Täuschung.

Das nahegelegene ***Schiffermuseum*** gibt einen interessanten Einblick in die Oberweser-Schifffahrt.

Das ***Weberei-Museum*** zeigt neben der Geschichte der Handweberei auch die der Firma Walter Kircher, die seit 1924 Handwebgeräte herstellt.

Ein wahres Kleinod ist die ***Freilichtausstellung „Der Mühlenplatz"*** am westlichen Ortsrand – sie zeigt originalgetreu nachgebildete Wassermühlen, Burgen, Kirchen und Rathäuser aus alter Zeit im Maßstab 1:25 und 1:40.

Das hübsche ***Fachwerkrathaus*** befindet sich auf dem Gelände der ehemaligen Wasserburg. Teile der Umfassungsmauer und das Fundament des Bergfrieds aus dem 11. Jh. sind noch erhalten. Der ***Eco Pfad Burgen Museen Wasser Gieselwerder*** führt auf 6 km zu allen interessanten Plätzen des Ortes.

Nach drei ruhigen Kilometern erreichen wir **Lippoldsberg** am rechten Ufer. Die ***Märchenfähre*** legt direkt unterhalb des ***Landhotels „Zum Anker"*** an. Die ***„Gelbe Welle"-Anlegestelle*** ist kurz davor.

km 31,2

Landhotel Zum Anker
(05572) 18 73

*Im Luftkurort ist die romanische Klosterkirche von 1153 sehenswert („Kulturgut von nationaler Bedeutung"). Das **Kloster Lippoldsberg** (heute Kulturveranstaltungen) wurde 1093 als Benediktinerinnen-Frauenkloster erbaut. Im Kreuzgang des Klosters ist der völkische Dichter Hans Grimm (1875-1959, „Volk ohne Raum") beigesetzt. Der Lieblingsschriftsteller Adolf Hitlers, der nie NSDAP-Mitglied war, organisierte ab 1934 „Dichtertreffen" im Ort.*

*Einen Einblick in den früheren Alltag der Dorfbevölkerung gewähren **„Museum und Werkstatt im Schäferhaus"** (Mai-Okt So 15-17).*

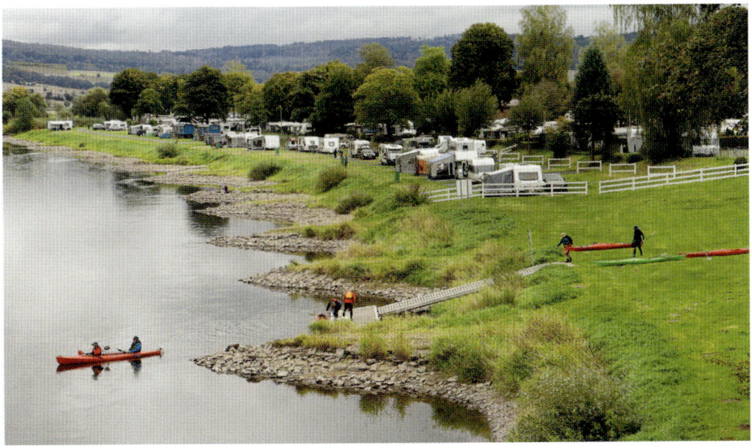

Camping Gieselwerder

Anschluss Seite 51

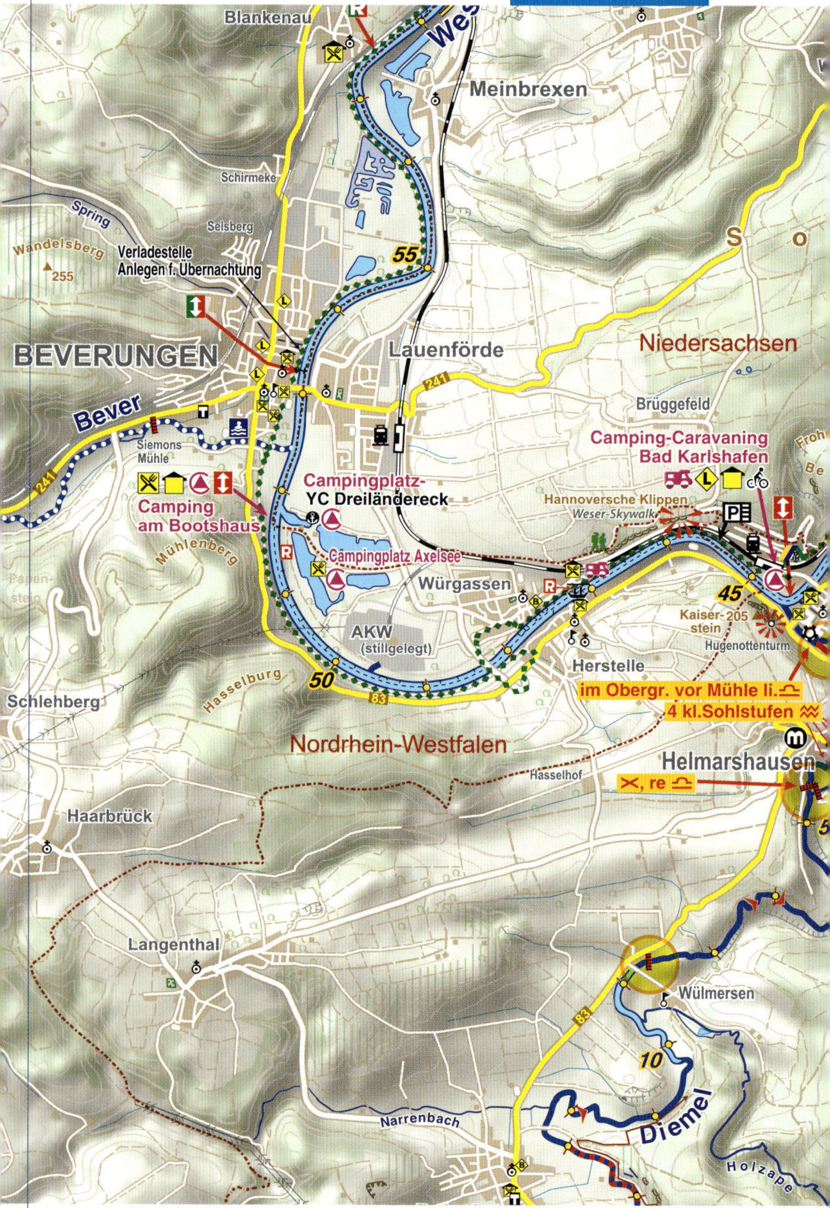

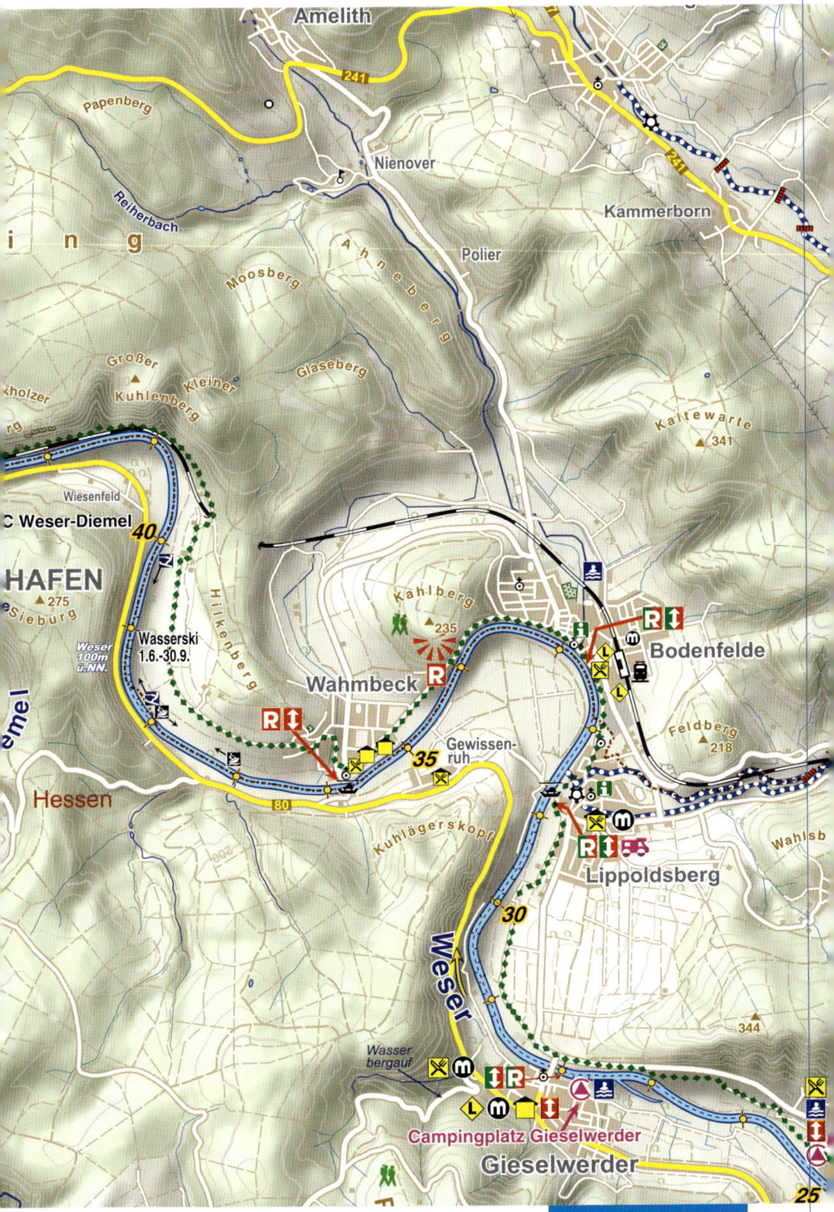

Anschluss Seite 39

km 32,1 Vorbei an der Mündung der *Schwülme* verlassen wir **Lippoldsberg**. Gleich nach Ortsende beginnt mit dem Gelände der proFagus, die Grill-Holzkohle aus Buchenholz produzieren, der Ort **Bodenfelde**.

Bereits 1896 hat sich in Bodenfelde eine Holzverkohlungsfabrik angesiedelt, in der im Zweiten Weltkrieg Zwangsarbeiter Ruß für die Reifenherstellung produzieren mussten.

Der ***Solling***, höchstes Gebirge im Weserbergland, löst am rechten Ufer den ***Bramwald*** ab. *Bodenfelde erhielt 1437 Stadt- und Marktrechte. Vom frühen Mittelalter bis 1680 wurde aus Solequellen Salz gewonnen.*

km 32,9

Restaurant & Café Kretaliano
(05572) 999 81 18

An der Mündung des *Reiherbaches* befindet sich der „Hafen Bodenfelde" mit einer Kaimauer, überragt von der ev.-lutherischen Kirche. Ein Stück davor kann am Schwimmsteg angelandet werden, um im ***Restaurant Kretaliano*** *(Di-So 11.30-22)* einzukehren.

Hinter Bodenfelde erhebt sich am rechten Ufer der 225 Meter hohe ***Kahlberg***. Der etwa drei Kilometer lange ***Kahlbergweg*** umrundet den waldreichen

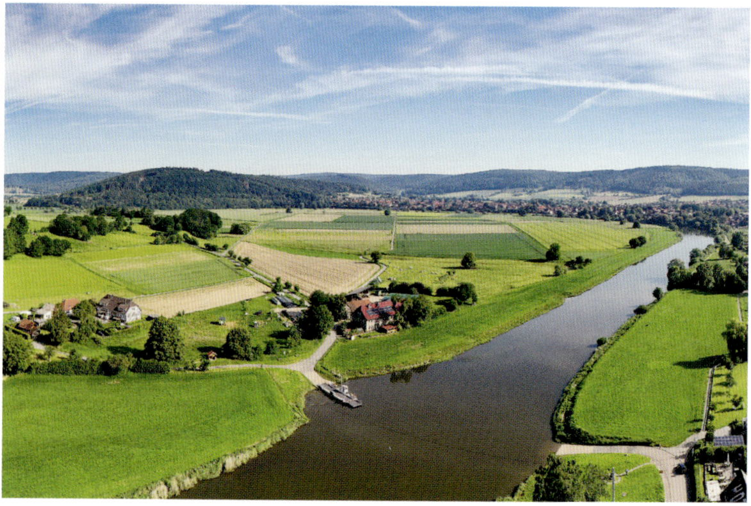

ehemaligen „Umlaufberg" *(erhöhtes Gelände innerhalb einer Flussschlinge, das nach deren Durchbruch erhalten geblieben ist)* mit schöner Aussicht.

Am rechten Ufer befindet sich eine ***überdachte Hütte*** mit ***Toilette, Grillplatz*** und ***Wassertretbecken***. Von hier ist am gegenüberliegenden Berghang der 40 Meter über der Weser liegende Ort **Gewissenruh** zu sehen. Er entstand – ebenso wie Gottstreu – für französische Glaubensflüchtlinge.

km 34,2

Gleich am Ortsanfang von **Wahmbeck** bietet das *Hostel WeserWiese Wahmbeck* günstige Übernachtung mit Frühstück in Wassernähe. Verpflegung (Abendessen) kann zugebucht werden. Am bequemsten vom Fähranleger aus zu erreichen.

km 35,4

WeserWiese
Wahmbeck
(05572) 337 08 49
0175-656 01 96

400 Meter weiter verkehrt abermals eine ***Hochseilfähre*** zwischen dem besonders reizvollen Dorf und dem linksufrigen Örtchen **Gewissenruh**.

km 35,8

Hinter dem Fähranleger von **Wahmbeck** kann am Schwimmsteg angelandet und auf der Wiese gerastet werden. Sogar eine Feuerstelle gibt es.

Die Ferienwohnungen von *Siecks Scheune* sind nur wenige Meter entfernt und im *Gasthaus „Krug zum grünen Kranz"*, direkt an der Weser neben der Gierseilfähre, geben sich Einheimische und Besucher die Klinke in die Hand – das Essen ist lecker!

FeWo
Siecks Scheune
(05572) 92 15 92

Gasthaus
Krug zum
grünen Kranz
01522-667 019

Auch die dritte Engtalstelle ist wieder sehr einsam. Von Kilometer 37,1 bis 39,8 darf zwischen 1. Juni und 30. September ***Wasserski und Wassermotorrad*** gefahren werden.

km 37,1 - km 39,8

Durch weite Kurven gelangen wir nach **Bad Karlshafen**. Links im ***Sportboothafen*** des MSC Weser-Diemel bieten Schwimmsteg und Slipbahn gute Ein- und Aussetzmöglichkeiten.

Nur 200 Meter zu Fuß sind es von hier zur *Aktiv-Pension am Reinhardswald*.

km 44

Aktiv-Pension am
Reinhardswald
(05672) 25 51

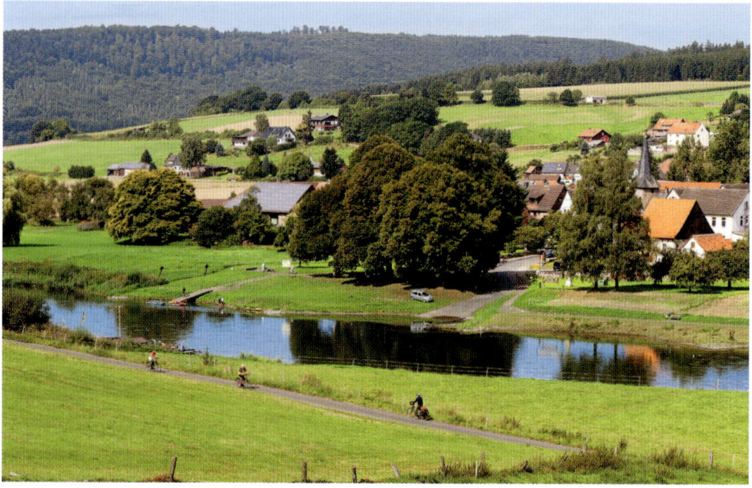

Zahlreiche Radfahrer erschließen sich die Schönheit des Wesertals auf dem Weser-Radweg

Weser-Therme
(05672) 921 10
tgl. 9-22, Fr, Sa bis 23

Gleich hinter der Hafeneinfahrt ist das Saunaboot „Jacques Galland" am Ufer vertäut. Bei 85 °C können hier die Besucher der ***Weser-Therme Bad Karlshafen*** mit Blick auf die passierenden Paddler schwitzen.

Seit 1838 lockt Karlshafen dank einer Quelle heilkräftigen Wassers Kurgäste. Das Thermalbad bietet Innen- und Außenbecken mit unterschiedlichem Salzgehalt. Nebenan in der Kurpromenade werden im Gradierwerk 2.000 Bündel Schwarzdorn mit Sole berieselt, damit festes Salz auskristallisiert.

Tief durchatmen, so die Atemwege reinigen und die Durchblutung der Schleimhäute steigern!

km 44,6

Campingplatz Bad Karlshafen
(05672) 710

Hinter der Straßenbrücke liegt am rechten Ufer der Schwimmsteg des ***Campingplatzes Bad Karlshafen*** *(Ermäßigung für DKV-Mitglieder)*. Im angeschlossenen ***Campingshop*** kann von der Abspannleine bis zum verlorenen Zelthering alles gekauft werden.

Neben dem Platz befindet sich die ***Radvermietung Weserbergland*** – ideal, wenn man die reizvolle Ge-

gend erkunden möchte. Über die Brücke gelangt man ins sehenswerte **Bad Karlshafen**, *das 1699 von Landgraf Carl zur Ansiedlung protestantischer Glaubensflüchtlinge aus Frankreich gegründet wurde. Carl wollte den Landgraf-Carl-Kanal von hier nach Kassel graben lassen, um den Zoll in Hann. Münden zu umgehen. Die Arbeiten am Kanal begannen 1713 und wurden 1730 unvollendet eingestellt.*

Radvermietung Weserbergland
0176-39 74 06 76
(vermieten auch ein Ferienhaus ab 2 Nächten)

An der linksufrigen Weserpromenade kommen wir noch vor dem Fahrgastschiff-Anleger und der Mündung der *Diemel* zum ***Pegelhaus von 1901*** an der Schleuseneinfahrt zum ***historischen Hafenbecken***, das seit 2019 über eine Schleuse von der Weser aus angelaufen werden kann. Eine Investition, die umstritten war. Hier wird seit 1835 das ***Hotel & Restaurant „Zum Weserdampfschiff"*** mit netter Sonnenterrasse geführt. Kanufahrer, die ein Zimmer reserviert haben, können an den steinernen Treppenstufen unterhalb aussetzen und die Kanus nach Absprache auf dem Hotelgelände lagern.

Hotel & Restaurant Zum Weserdampfschiff
(05672) 24 25

Die barocke Stadtanlage ist mit den symmetrisch angelegten Straßenzügen in weiten Teilen erhalten. Eindrucksvoll ist das ehemalige ***Packhaus*** *(„Altes Rathaus") von 1718 am* ***Stadthafen****. Auf der gegenüberliegenden Seite zeigt das* ***Deutsche Hugenotten-Museum*** *die Geschichte der protestantischen Glaubensflüchtlinge aus Frankreich und Deutschland.*

Hugenotten-Museum
(05672) 14 10
Di-Fr 10-17
Sa+So 11-18

Naturbegeisterte gelangen vom Hafen über zahlreiche ***Wander-*** und ***Radwege*** ins ***Tal der Diemel***, den ***Solling*** oder den ***Reinhardswald***. Sehr lohnend ist auch eine ***Wanderung*** zur ***Ruine Krukenburg*** aus dem 13.-16. Jh. im Ortsteil **Helmarshausen** und der Besuch des ***Museums Helmarshausen,*** wo eine Faksimile-Ausgabe des Evangeliars Heinrich des Löwen zu bestaunen ist. Bei einer Versteigerung 1983 erzielte es den Erlös von 32,5 Millionen Mark und galt damit als teuerstes Buch der Welt.

Museum Helmarshausen
01522-140 12 67
Apr-Okt Mi 10-12
Sa+So 15-17

Das Hafenbecken in Bad Karlshafen. Überbleibsel der ehrgeizigen Kanalbaupläne von Landgraf Carl, dessen Landgraf-Carl-Kanal bis nach Kassel führen sollte

Das Tal weitet sich und wird geprägt von sich isoliert in die Landschaft erhebenden Gipfeln, wie denen des ***Mühlenbergs, Wildbergs*** oder ***Eschenbergs***.

km 45,8 Wenige hundert Meter nach dem ***Pegelturm Karlshafen*** kommen wir zu den ***„Hannoverschen Klippen“.*** Am rechten Ufer ragen aus bewaldeten Hängen sieben bis zu 80 m hohe Buntsandsteinsäulen auf. Die natürliche Aussichtskanzel auf der östlichsten Klippe wurde 2011 durch den ***Weser-Skywalk***, eine weit hinausragende Aussichtsplattform aus Stahl, ersetzt. Zu ihr gelangt man sowohl vom Campingplatz Bad Karlshafen, als auch über den ***Familien-Erlebnispfad*** aus Würgassen.

km 47,1

Gasthaus zur Fähre
(05273) 74 84

Landhotel Alte Linde
(05273) 37 51 40

Zwischen **Herstelle** und **Würgassen** verkehrt eine ***Seilfähre*** für Fußgänger und Radler. Übernachtet werden kann beidufrig. Im ***Gasthaus zur Fähre*** am Anleger in **Herstelle**, in **Würgassen** liegt das ***Landhotel „Alte Linde“*** *(auch WoMo-Platz)* in Sichtweite zum Anleger. Von der dortigen Sonnenterrasse ist die ***Burg Herstelle*** besonders hübsch anzusehen.

Die Höhenburg wurde mehrfach zerstört und wieder aufgebaut, das heutige Gebäude 1832. Annette von Droste-Hülshoff war ebenso im Gebäude zu Gast, das heute in Privatbesitz ist, wie die Brüder Grimm.

Oberhalb der katholischen ***Pfarrkirche St. Bartholomäus*** und der Burg erhebt sich die ***Benediktinerinnenabtei vom Heiligen Kreuz*** *(Klosterladen)*, die 1899 als Kloster gegründet wurde.

Hinter der Straßenbrücke kommen wir am Beginn des ***Großen Weserbogens*** zum stillgelegten ***Kernkraftwerk Würgassen.*** *Es startete 1971 seinen Betrieb, aber schon 1994 wurde der Siedewasserreaktor der ersten Generation stillgelegt. Der TÜV hatte bei einer Routineinspektion Haarrisse in einem Stahlzylinder am Reaktorkern gefunden. Der Rückbau der Anlage begann 1997 und wurde 2014 abgeschlossen.*

km 49,5

Zwei Kilometer weiter betreiben Jeroen & Lisanne den ***Camping am Bootshaus***. Deren Gasthaus bietet Hausmannskost aus der niederländisch-deutschen Küche. Wer nicht zelten will, kann in einem der Mehrbettzimmer nächtigen.

km 51,7

Camping am Bootshaus
(05273) 53 35

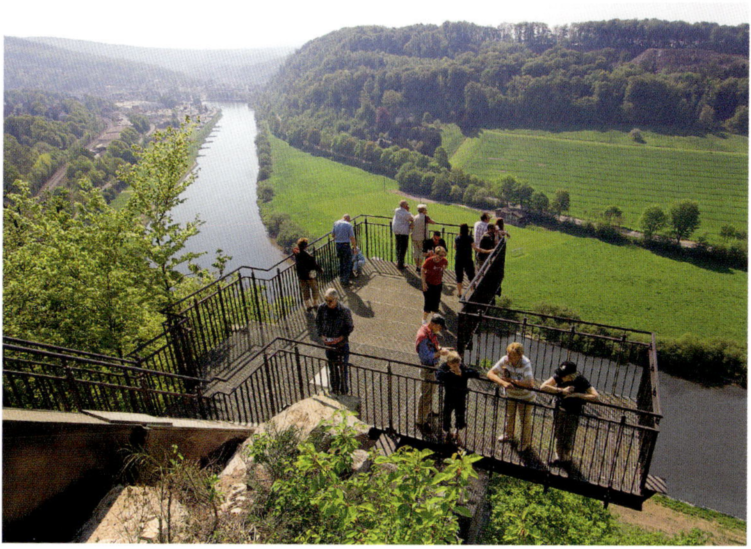

Der „Weser-Skywalk“, in die rotbraunen Felsen der Hannoverschen Klippen hineingebaut, bietet einen grandiosen Blick ins Wesertal

Campingplatz Yachthafen Dreiländereck
(05273) 218 36
0172-848 68 90

Schräg gegenüber geht es zu dem am Hafenbekken gelegenen Campingplatz Yachthafen Dreiländereck. Am nördlichen Ufer gibt es Schwimmstege und eine Slipbahn zum Anlegen.

km 53,1

Auf Höhe der Mündung der *Bever* beginnt links das Örtchen **Beverungen** mit seiner hübschen ***Kirche***. *Jahrhundertelang war es Hafenstadt des Hochstifts Paderborn; noch heute prägen Fachwerkgiebelhäuser des 17. Jh. das harmonische Ortsbild.*

Restaurant Burg Beverungen
(05273) 367 84 95
Di-Sa ab 17
So ab 14.30

Das historische Wahrzeichen der Stadt, die Burg Beverungen, wurde umfassend restauriert und bietet innen wie außen tolle Gastronomie *(ab 17 Uhr, Mo Ruhetag)* und sogar einen eigenen ***Burgladen***.

Hinter der Stabbogenbrücke, die **Beverungen** mit **Lauenförde** verbindet, lässt sich beidseits anlegen *(links Schwimmsteg)*. Linksufrig kann im wenige Schritte entfernten schlichten Hotel Kuhn über Nacht das Kanu in der Garage geparkt werden.

Hotel Kuhn
(80 m)
(05273) 13 53

km 57,5

Vier Kilometer paddeln wir zwischen Feldern und Wiesen bis **Blankenau**. *Die Geschichte des Ortes am linken Weserufer ist eng mit dem Kloster Corvey verbunden. Die Gräfin Amalung schenkte 860 ihren gesamten Besitz dem Kloster – inklusive Blankenau. Die Burg, 1315 von Fürst Ruprecht zu Corvey und Theoderich zu Paderborn erbaut, wurde einst vom Strauchritter Gerd von Falkenberg bewohnt. Nach ihrer Zerstörung erinnern nur Ruinen an jene Zeit.*

Am Ortseingang, 600 m vom Wasser, in der parallel zur Weser verlaufenden Kasseler Straße, können Paddler im Landhotel Weserblick *(toller Wellnessbereich)* übernachten und die Boote am Hotel lagern.

Landhotel Weserblick
(600 m)
(05273) 36 220

Am gegenüberliegenden Ufer, hinter dem Deich, liegt **Meinbrexen**. Prähistorischen Funden zufolge lebten hier in frühgeschichtlicher Zeit Menschen.

km 58,5

Hinter der Eisenbahnbrücke beginnt die vierte *Engtalstrecke* bis unterhalb von Fürstenberg. Die

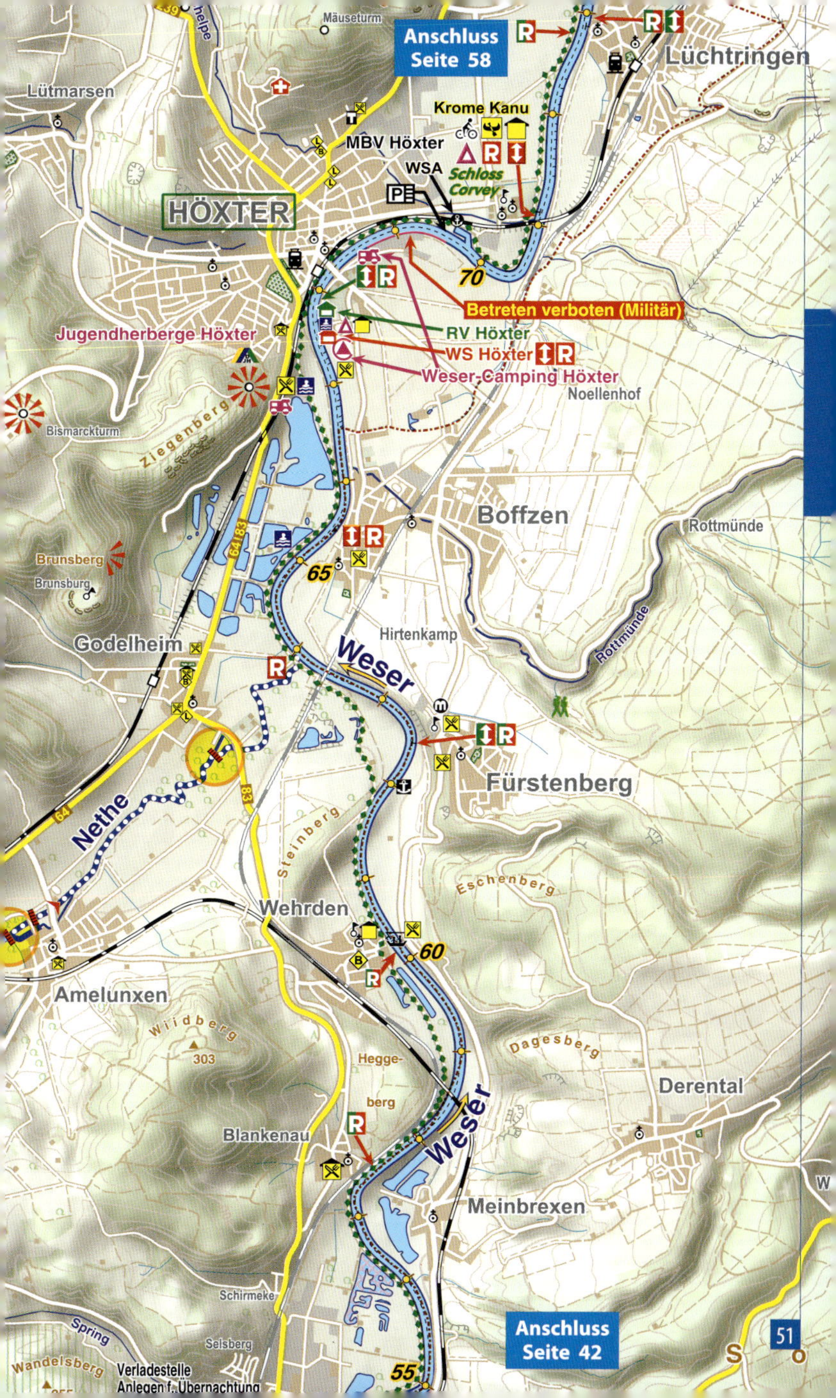

Anschluss Seite 58
Mäuseturm
Lüchtringen
Lütmarsen
Krome Kanu
MBV Höxter
WSA
Schloss Corvey
HÖXTER
70
Betreten verboten (Militär)
Jugendherberge Höxter
RV Höxter
WS Höxter
Weser-Camping Höxter
Noellenhof
Bismarckturm
Ziegenberg
Boffzen
Rottmünde
Brunsberg
Brunsburg
65
Hirtenkamp
Godelheim
Weser
Fürstenberg
Nethe
Steinberg
Eschenberg
Wehrden
60
Amelunxen
Wildberg
303
Dagesberg
Hegge-
berg
Derental
Blankenau
Weser
Meinbrexen
Schirmeke
Spring
Selsberg
Wandelsberg
Verladestelle
Anlegen f. Übernachtung
55
Anschluss Seite 42

Besiedlung nimmt etwas zu; das Tal verliert seinen einsamen Charakter, obwohl sich die Bundesstraße immer weiter vom Fluss entfernt.

km 60,2

Gasthaus Eulenkrug
(05273) 71 00

Pension zum Mönchsgarten
(05273) 360 36

In **Wehrden** treffen wir auf die nächste ***Fußgängerfähre*** und einen ***Schwimmsteg***. Am rechten Ufer liegt das beliebte ***Gasthaus Eulenkrug*** *(Mo Ruhetag)* und linksufrig in Wehrden kann in der ***Pension zum Mönchsgarten*** übernachtet werden.

Bis dicht an die Weser heran reicht der ***öffentliche „Neue Park"*** von 1895 neben dem privat genutzten Park des ***Wehrdener Schlosses***.

Hier wie dort sind Bäume als Naturdenkmale ausgewiesen: etwa Hainbuche, Süntel-Buche oder Kastanie. Auf den Resten eines Gräftenschlosses wurde das Schloss 1699 errichtet. Im romantischen Drosteturm hielt sich die westfälische Dichterin Annette von Droste-Hülshoff zwischen 1818-1822 bei den Besuchen ihrer Tante am liebsten auf. Schloss wie auch Kirche „Heilige Familie & Heiliger Stephanus" (1699) wurden vom Architekten Ambrosius von Oelde entworfen.

km 62,5

In leichtem Schwung richtet sich die Weser wieder nach rechts. Über ihr thront am östlichen Ufer das ***Renaissance-Schloss*** **Fürstenberg**. Vom Schwimmsteg vor dem Dampferanleger aus läuft man knapp einen Kilometer hinauf – zum wohl grandiosesten Blick ins Weserbergland.

Porzellanmuseum Schloss Fürstenberg
(05271) 40 11 61
Di-So + Fei 10-17

Bistro CARL
(05271) 695 89 15
Di/Mi-So 11-18

Idealerweise kombiniert man den Besuch des ***Porzellanmuseums*** im Schloss und der ***Manufaktur*** *(Werksverkauf)* mit einer Einkehr ins Schlosscafé ***Bistro CARL*** – es wird frische, regionale und saisonale Küche serviert. Im Sommer sitzt man herrlich im Biergarten unter historischen Bäumen.

Der Oberjägermeister von Herzog Carl I. von Braunschweig hatte 1747 die glorreiche Idee, im Jagdschloss Fürstenberg eine Porzellanmanufaktur einzurichten. Inspiriert wurde er durch den holzreichen

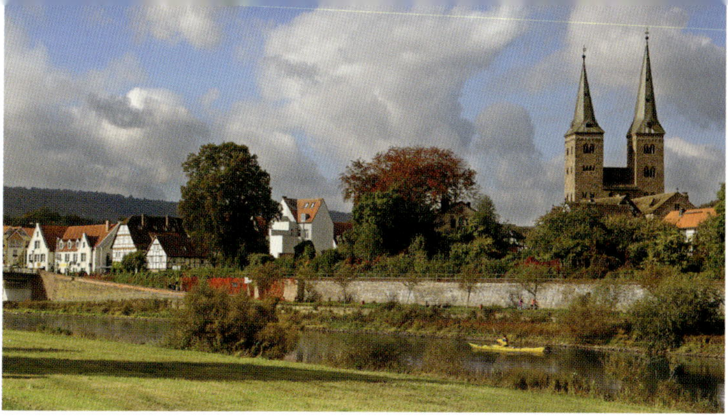

Die Türme der Kilianikirche bestimmen das Erscheinungsbild von Höxter

Solling, der damals genug Brennholz für die nahen Glashütten lieferte. Heute kann in dem Museum Porzellan aus zwei Jahrhunderten bewundert werden.

Der aus drei Etappen bestehende 60 km lange ***Raabe-Wanderweg*** endet am ***Schloss Fürstenberg***. *Die Kombi aus Streifzug durch Wilhelm Raabes literarischem Werk und sportlicher Wanderung startet am Geburtshaus des Schriftstellers in Eschershausen.*

Wir passieren eine ehemalige Eisenbahnbrücke auf unserem Weg durch den Talkessel. ***km 63,6***

Von links mündet die *Nethe* ein, wo an ihrem flachen Ufer angelegt werden kann. Oberhalb gibt es einen ***Rastplatz mit kleiner Hütte*** und bequemen Landschaftsliegen. Im Westen ist **Godelheim** mit dem ***Brunsberg*** *(Ringwall)*, berühmt aus den Sachsenkriegen Karls des Großen, zu sehen. ***km 64***

Am ***„Gelbe Welle"-Anleger*** in **Boffzen** finden wir am rechten Ufer Steinstufen und einen kleinen Steinstrand. Die ev.-lutherische ***Erlöserkirche*** von 1737 hat ein Dach aus Sollingsandstein und einen schlichten barocken Kanzelaltar. ***km 65,5***

Hinter dem linken Weserufer liegt der frei zugängliche Badesee der *Freizeitanlage Höxter-Godelheim*, mit herrlichem Sandstrand und Gastronomie. ***km 66***

km 67,4

Wesercamping
(05271) 25 89

Wassersport Höxter
(05271) 21 64

Ruderverein Höxter
0162-757 65 41

Wenig später taucht auf der rechten Flussseite der *Wesercamping Höxter* *(Bistro)* und daneben das toll gelegene Gelände des *Wassersportvereins* **Höxter** auf. Wer keine Lust hat, sein Zelt aufzubauen, kann eines der günstigen Betten im Bootshaus beziehen.

Es folgen das ***Freibad*** und das Bootshaus des *Rudervereins Höxter,* in dem auch übernachtet werden kann. Alternativ darf auf der vereinseigenen Wiese gezeltet werden.

km 68

Flair Hotel Stadt Höxter
(05271) 697 90

Am linken Ufer ist ein ***Kiosk*** mit dem Schriftzug „Höxter" am Anlegeplatz für das Fahrgastschiff zu sehen. Wer zum ***Bahnhof*** oder ins *Flair Hotel Stadt Höxter* will, legt am besten an der Kaimauer an und läuft durch die Unterführung in die alte, sehr reizvolle westfälische Stadt, die einen Besuch lohnt.

Blick auf Höxter

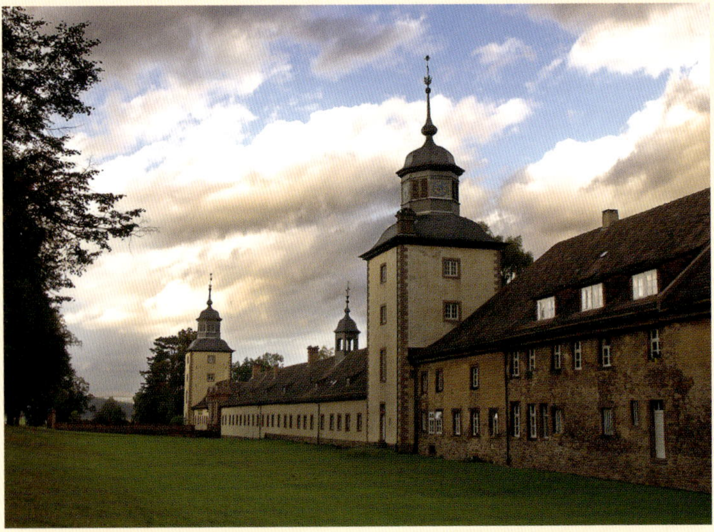

Eine tolle Übernachtungsmöglichkeit im 822 von Mönchen gegründeten Kloster Corvey bietet das Weser Aktivhotel von „Krome Kanu"

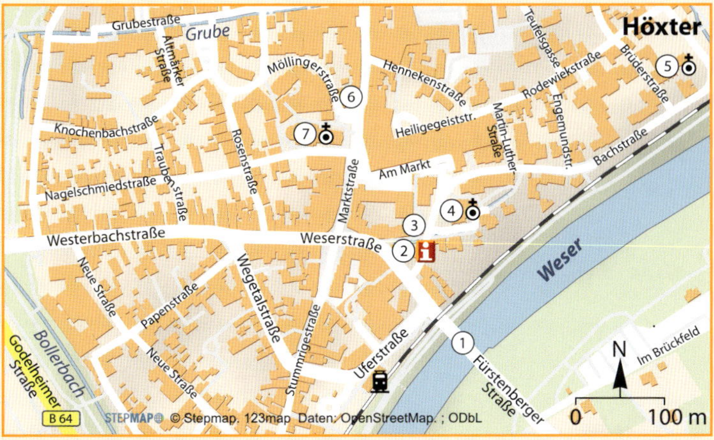

Günstig an der damaligen Fernstraße von Bremen nach Kassel gelegen, erhielt Höxter 1250 die Stadtrechte und trat 1295 dem Bund der Hanse bei. Das „Blutbad von Höxter“ 1634 dezimierte im Dreißigjährigen Krieg die Bevölkerung dramatisch. Die Stadt verarmte in der Folge zusehends. Erst der Anschluss an das Eisenbahnnetz führte 1865 zu einem wirtschaftlichen Aufschwung.

Fachwerkhäuser prägen die weitgehend erhaltene mittelalterliche Stadtstruktur. Als Wahrzeichen der Hansestadt gilt die St.-Kiliani-Kirche (um 1100). Das Rathaus *(Foto unten)* wurde 1613 im Stil der Weserrenaissance erbaut. Weitere beeindruckende Bauwerke sind die Marienkirche, der früheste gotische Bau in Westfalen, sowie das Küsterhaus von 1565. Die Alte Dechanei (1561) auf dem Marktplatz wird von mehr als 60 geschnitzten Halbrosetten geschmückt, die sich alle voneinander unterscheiden.

① ***Weserbrücke***
② ***Rathaus*** (17. Jh.)
③ ***Küsterhaus*** (1565)
④ ***St.-Kiliani-Kirche*** (um 1100)
⑤ ***Marienkirche*** (1283)
⑥ ***Alte Dechanei*** (1561)
⑦ ***Nikolaikirche*** (18. Jh.)

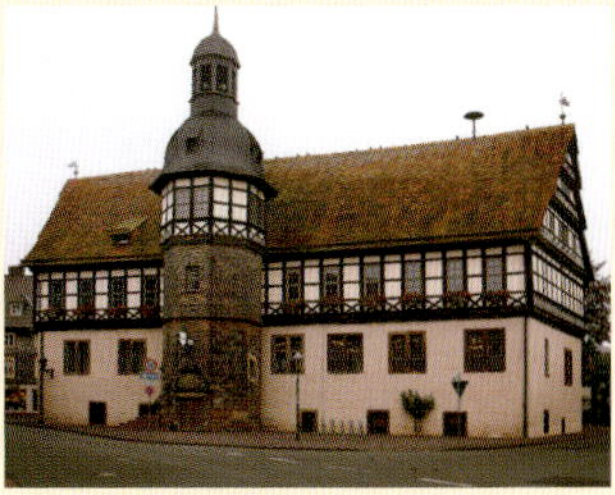

Tourist-Info Höxter, Weserstraße 11, Tel. (05271) 963 42 42
www.hoexter-tourismus.de

Nach dem Stadtbesuch gleiten wir hinter der Weserbrücke am ***Pegel Höxter*** und dem Hafen des WSA Hann. Münden und Motorbootvereins vorbei.

km 71

Weser Aktiv-hotel Corvey
(05271) 694 68 69

Krome Kanu
(05271) 694 68 66

Nach einem scharfen Knick nach Norden unterqueren wir die Eisenbahnbrücke und finden direkt dahinter links die Anlegestelle der weltberühmten ***Benediktiner-Abtei Corvey,*** UNESCO Welterbe.

Ein toller Übernachtungsstopp in der jahrhundertealten Anlage ist das ***Weser Aktivhotel Corvey*** von ***Krome Kanu*** *(auch geführte Kanu-Touren),* wo auch das eigene Zelt aufgebaut werden kann.

*Im Jahre 822 gründeten Mönche das **Kloster**, das bald zu den bedeutendsten in ganz Deutschland gehörte. Ältester erhaltener Teil der Anlage und damit das älteste Gebäude im Weserraum ist das Westwerk, das zwischen 873 und 885 errichtet wurde. Nach schweren Zerstörungen während des Dreißigjährigen Krieges wurde das Kloster, das heute schlossähnlichen Charakter hat, 1667 im barocken Stil wieder aufgebaut. Im Jahre 1860 wurde Hoffmann von Fallersleben, der Dichter des Deutschlandliedes, als Bibliothekar nach Corvey berufen. Er bereicherte die 74.000 Bände umfassende Bibliothek durch zahlreiche Prachtbände. Sein Grab befindet sich auf dem Friedhof hinter der Kirche. Im Museum erfährt man viel über Höxter, die Klostergeschichte und das Wirken von Fallersleben.*

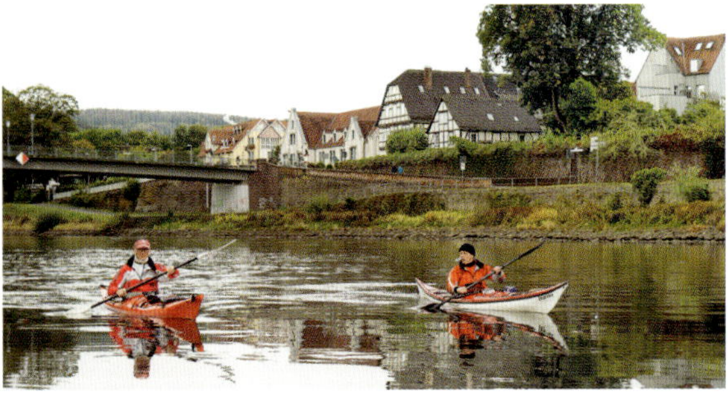

Etappe 2 – Von Höxter bis Hameln

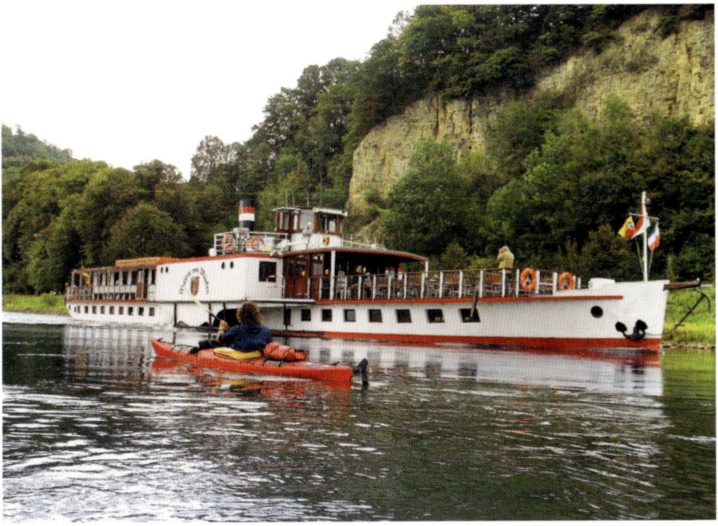

Begegnung mit einem der Fahrgastschiffe, die auf der Oberweser nur wenig Tiefgang haben können

Einsetzstelle

Weser Aktivhotel Corvey
(Weser-km 71)

Corvey 1, 37671 Höxter
Navi: Corvey 1, Höxter
Dort Biwak oder Zimmer.

Aussetzstelle

Jugendherberge Hameln
(Weser-km 136)

Fischbecker Straße 33, Hameln.

Länge & Dauer der Etappe

ca. 65 km, ca. 2-3 Tage

Schleusen oder Bootsgassen

1 Schleuse mit Bootsgasse

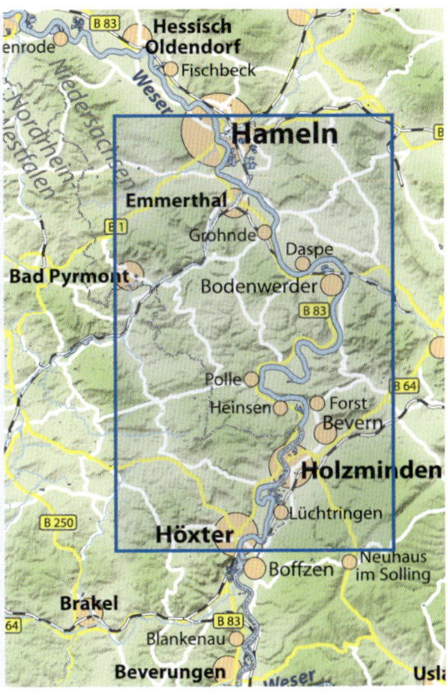

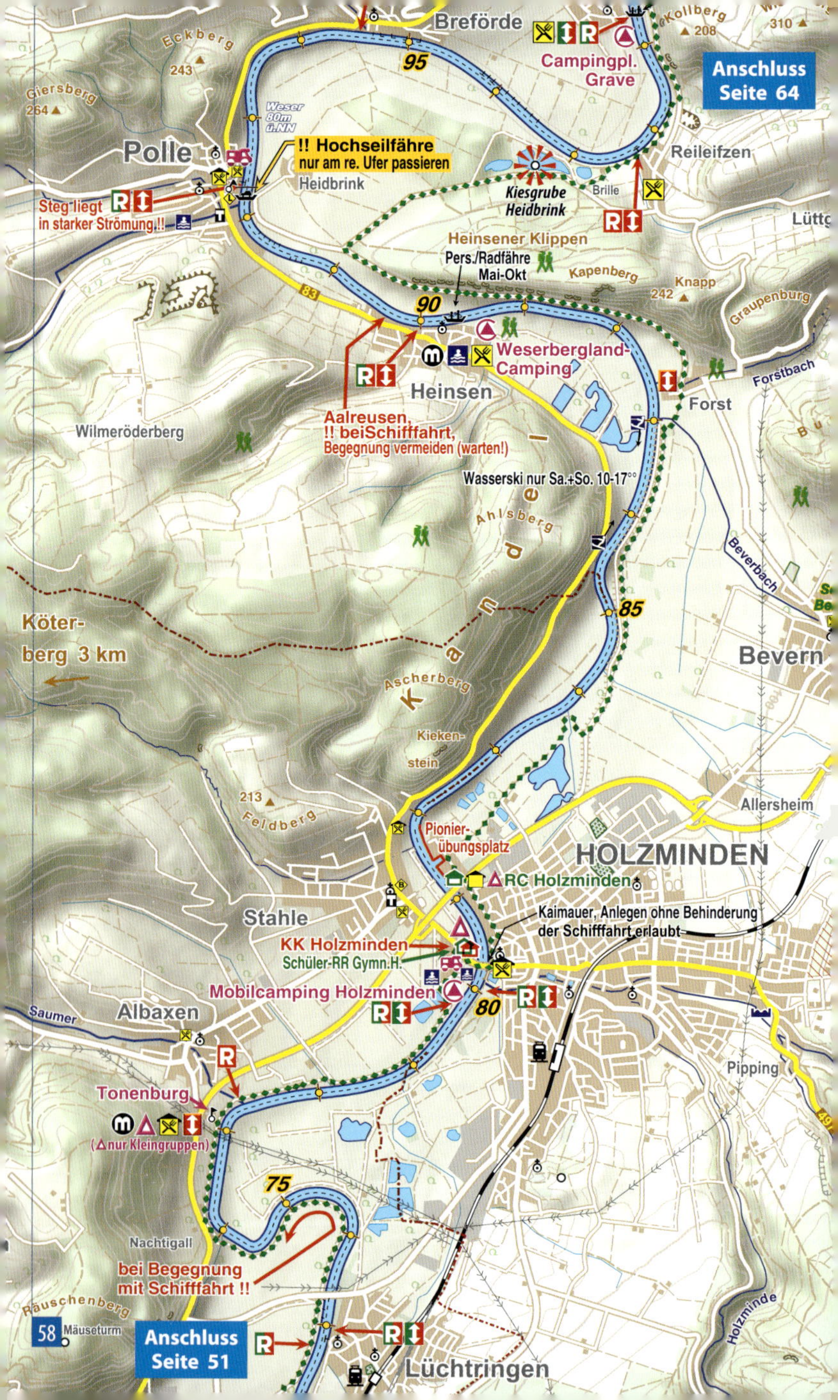
Breförde
Kollberg
208
310
Eckberg
243
Giersberg
264
95
Campingpl.
Grave
Anschluss
Seite 64
Weser
80m
ü.NN
Polle
!! Hochseilfähre
nur am re. Ufer passieren
Heidbrink
Reileifzen
Kiesgrube
Heidbrink
Brille
Steg liegt
in starker Strömung !!
Lüttg
Heinsener Klippen
Pers./Radfähre
Mai-Okt
Kapenberg
Knapp
242
Graupenburg
83
90
Weserbergland-
Camping
Heinsen
Forstbach
Forst
Aalreusen,
!! beiSchifffahrt,
Begegnung vermeiden (warten!)
Wilmeröderberg
Wasserski nur Sa.+So. 10-17°°
Ahlsberg
Beverbach
85
Köter-
berg 3 km
Bevern
Ascherberg
Kanal
Kieken-
stein
213
Feldberg
Allersheim
Pionier-
übungsplatz
HOLZMINDEN
RC Holzminden
Stahle
Kaimauer, Anlegen ohne Behinderung
der Schifffahrt erlaubt
KK Holzminden
Schüler-RR Gymn.H.
Mobilcamping Holzminden
80
Saumer
Albaxen
Pipping
Tonenburg
(Δ nur Kleingruppen)
75
Nachtigall
bei Begegnung
mit Schifffahrt !!
Räuschenberg
Mäuseturm
Anschluss
Seite 51
Lüchtringen
Holzminde

Nach zwei Kilometern erreichen wir **Lüchtringen** mit einem ***Anlegesteg***. Ein ***Picknickplatz*** lädt zur Rast. *Die wegen ihrer großzügigen Gestaltung auch **„Weserdom"** genannte **Pfarrkirche St. Johannes Baptist,** ist das Wahrzeichen des 854 erstmals urkundlich erwähnten Ortes.*

km 73

Die Weser wendet sich vom Sollinghang ab und durchfließt die erste „Südenbucht" – heißt, sie fließt mehrere 100 Meter gegen das Talgefälle südwärts.

Links vor **Albaxen** lässt sich an Holzstufen anlegen, um der an einem Prallhang der Weser gelegenen Biker-Burg *Tonenburg* einen Besuch abzustatten. Natürlich sind auch Paddler im ***Burghotel*** in den historischen Burgzimmern, im Bettenlager oder in Kleingruppen auf der Zeltwiese sowie im ***Restaurant „Alte Brennerei"*** willkommen. Im Kellergewölbe findet man das ***Museum der Tonenburg*** und mit etwas Glück kommt man an einem Abend, an dem im Ackerhaus eine Rock- oder Blues-Band spielt.

km 77,1

Tonenburg
(05271) 92 11 82

Die 1315 erbaute mittelalterliche Verteidigungsanlage der Corveyer Mönche, wurde an ein begeistertes Motorradfahrer-Ehepaar verkauft, die das alte Anwesen zu einem überregional bekannten Bikertreff umbauten.

Der gewaltige Speicher und der Turm der ***Luther-Kirche*** kündigen **Holzminden** an. Noch vor der Brücke kann links beim *Campingplatz* angelegt werden. Einkaufsmöglichkeiten, Frei- und Hallenbad liegen in unmittelbarer Nähe, die Altstadt ist wenige Gehminuten entfernt. Alternativ führt am gegenüberliegenden Ufer ein Stichkanal zum direkt am Wasser liegenden *Weserhotel Schwager* mit seinem imposanten Turm. Direkt neben dem Hotel serviert das sehr freundliche Personal in der ***„Hafenbar"*** unter anderem leckeren Kuchen. Von den Tischen auf der Kaimauer lässt sich der Sonnenuntergang über der Weser genießen.

km 79,9

Campingplatz Mobilcamping
(05531) 99 09 65

Weserhotel Schwager
(05531) 70 17 00

km 80,1 △

Kanu-Klub Holzminden
(05531) 990 93 82

Direkt hinter der Straßenbrücke befindet sich links der Schwimmsteg des **Kanu-Klub Holzminden**. Auch hier kann das Zelt aufgebaut werden *(bitte einen der im Aushang genannten Ansprechpartner telef. informieren).* Über die Brücke geht es in die beschauliche Stadt.

km 81,1 △

Ruderclub Holzminden
01520-403 83 96

Vorbei am Getreidesilo und dem hinter der Straßenbrücke der Bundesstraße rechts liegenden **Ruderclub Holzminden**, verlassen wir die Stadt. Links steigt das Land zum ***Köterberg*** an, dem zweithöchsten Berg des Weserberglandes; gleich darauf zum Höhenzug des bis zu 300 Meter hohen ***Kandel***. Bis Hameln folgt nun der am wenigsten besiedelte und industrialisierte Abschnitt des Oberwesertals.

Blick auf Holzminden

Große Bedeutung erlangte Holzminden als Holzumschlagsplatz für die Hölzer des Sollings. Bis nach dem Zweiten Weltkrieg wurden jährlich bis zu 300 Flöße für ihren achttägigen Weg nach Bremen zusammengebunden. Besonders schön ist die Grabenstraße mit ihren unverfälschten Fachwerkbauten

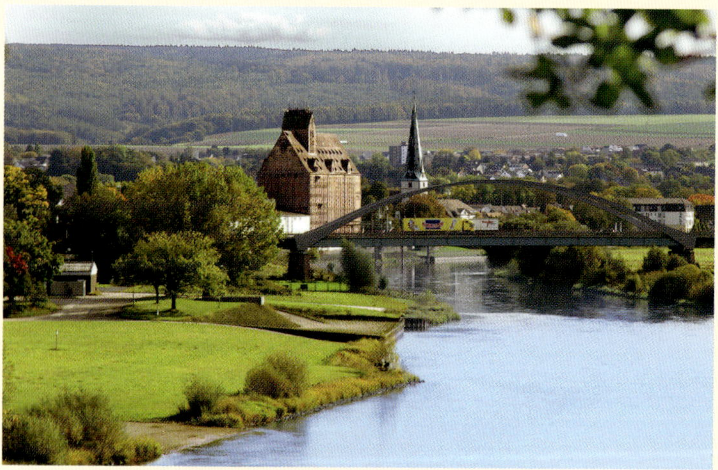

Holzminden mit dem mächtigen Getreidesilo

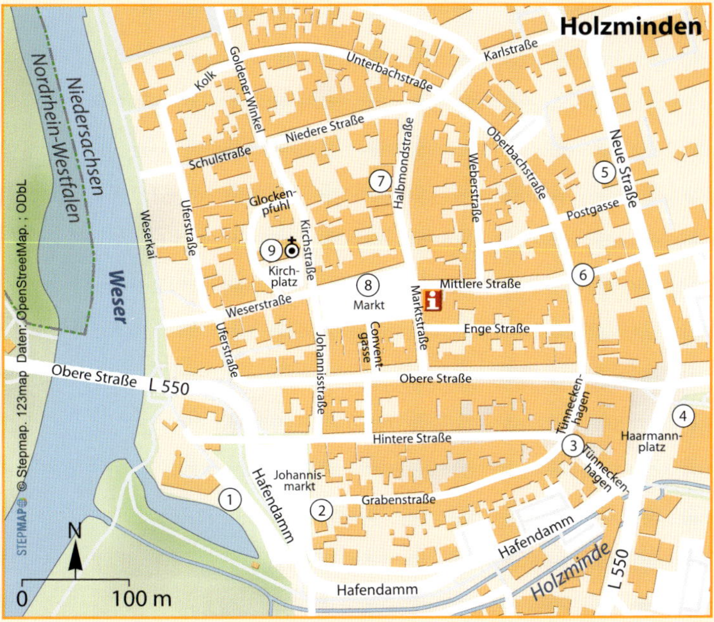

und dem leuchtend roten Haus, in dem angeblich der kaiserliche Feldherr Tilly gewohnt haben soll. In ungeraden Jahren sorgt seit 1991 an Pfingsten das „Internationale Straßentheater Festival" für Begeisterung.

① ***Historische Hafen- und Werftanlage*** (1837)
② ***Tilly-Haus*** (1609)
③ ***Reichspräsidentenhaus*** (1929). Seit 1961 zeigt das Glockenspiel den „Meisterumzug" der Absolventen der Fachhochschule
④ ***Fachhochschule Hildesheim-Holzminden*** in der ehemaligen, 1902 erbauten Baugewerkschule
⑤ ***Rathaus*** (1847)
⑥ ***Torhaus*** (1922)
⑦ ***Severinsches Haus*** (1683)
⑧ ***Marktplatz*** (einer der ältesten Norddeutschlands) mit Brunnen von 1891
⑨ ***Luther-Kirche*** (ursprünglich Marien-Kirche)

---

i ***Stadtmarketing Holzminden,*** Markt 2, Tel. (05531) 99 29 60
www.stadtmarketing-holzminden.de

km 87,3 Nach der ***Wasserskistrecke*** erreichen wir das Dörfchen **Forst.** Von hier, unterhalb des ***Eversteiner Burgbergs,*** kann man sich auf dem Höhenzug aus Muschelkalk im ***NSG „Heinsener Klippen, Graupenburg"*** die Beine vertreten oder ins 3,5 km entfernte **Bevern** marschieren, um ***Schloss Bevern,*** einen der bedeutendsten und schönsten Schlossbauten der Weserrenaissance, anzuschauen. Das ganze Jahr finden Ausstellungen, Konzerte und Theatergastspiele sowie im Sommer spektakuläre Open-Air-Veranstaltungen statt.

km 89,5
Weserbergland-Camping
(05535) 87 33

Am Ende des Höhenzugs ***Kandel*** schwingt die Weser nach links, die steilen Buntsandsteinabbrüche am ***Kapenberg*** reichen hier am Ende des Talkessels bis dicht ans Ufer heran. Das alte Schifferdorf **Heinsen** empfängt uns mit dem paddlerfreundlichen ***Weserbergland-Camping*** *(Swimmingpool).*

Von hier lassen sich ***Wanderungen*** auf den 500 m hohen ***Köterberg*** unternehmen. Er bietet den schönsten ***Rundblick*** Norddeutschlands auf über 62 Ortschaften der angrenzenden Bundesländer.

Jenseits der Weser locken die ***Heinsener Klippen*** zur Erkundung. *Auf einem nach Süden ausgerichteten Steilhang genießen wir naturnahe Buchen- und Kalktrockenhangwälder. Vogelkundler zieht es zum* ***Beobachtungsturm*** *Kiesgrube Heidbrink.* Nach Einkehr in der Gaststube ***Zur Hofschänke*** *(nur Sonntag)* in **Reileifzen** geht es wieder zurück.

km 89,7 Unterhalb der reizvollen Fachwerkhäuser, die teils unter Denkmalschutz stehen, kann im Ortskern von **Heinsen** neben dem Anleger der kleinen ***Personen-*** und ***Fahrradfähre*** an Steinstufen angelegt werden. Das ***Heimat- und Schifffahrtsmuseum*** hat sonntagnachmittags von 15-16 Uhr geöffnet.

In der Ferne ist schon der klobige Turm der ***Ruine*** der ***Eversteiner Burg*** bei **Polle** auszumachen.

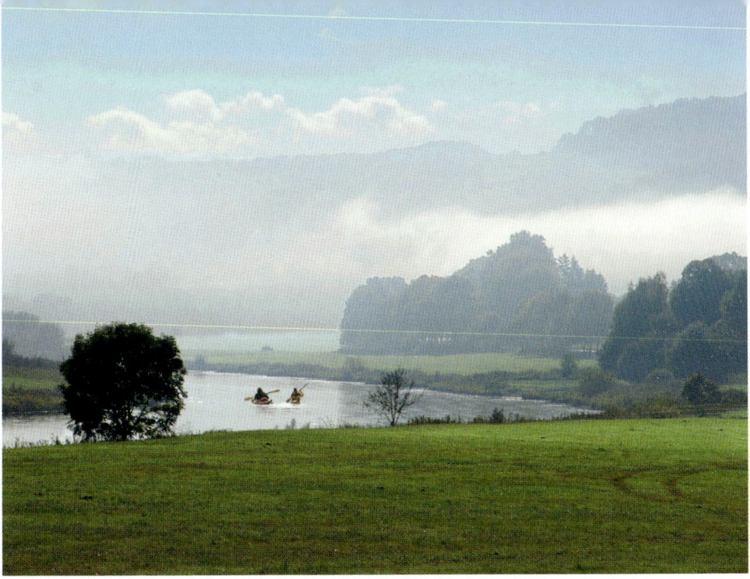

Himmlisch diese Stille. Und die wärmende Sonne vertreibt langsam den Frühnebel.

*Die **Burg Polle** liegt im Ort auf einer Bergkuppe mit herrlichem Blick ins Wesertal. Erstmals im Jahr 1285 als „Eversteiner Burg" urkundlich erwähnt, gilt sie als eine der Stammburgen der Eversteiner Grafen. 1641 wurde sie im Dreißigjährigen Krieg von schwedischen Truppen zerstört und blieb Ruine. Nach umfassender Sanierung 1984 ist sie eine markante Burgruine im Wesertal und kann besichtigt werden.* Jeden dritten Sonntag von Mai bis September *(14.15 Uhr)* wird im Burghof das ***Aschenputtelspiel*** aufgeführt.

Unterhalb der Ruine in **Polle** verkehrt die ***Hochseilfähre***, die Paddler nur am rechten Ufer passieren sollen. Kurz danach schwimmt der örtliche ***„Gelbe Welle"-Anlegesteg*** in starker Strömung.

km 92,3

Das Gasthaus „Weserterrasse" samt Campingplatz ist zur Zeit leider geschlossen und wartet auf einen neuen Betreiber. Das *Hotel zur Burg* und das *Restaurant & Café „Graf Everstein"* von Sternekoch Uwe Multhoff liegen nur einige Schritte entfernt.

Hotel zur Burg
(05535) 951 91 75

Restaurant & Café Graf Everstein
(05535) 99 97 80

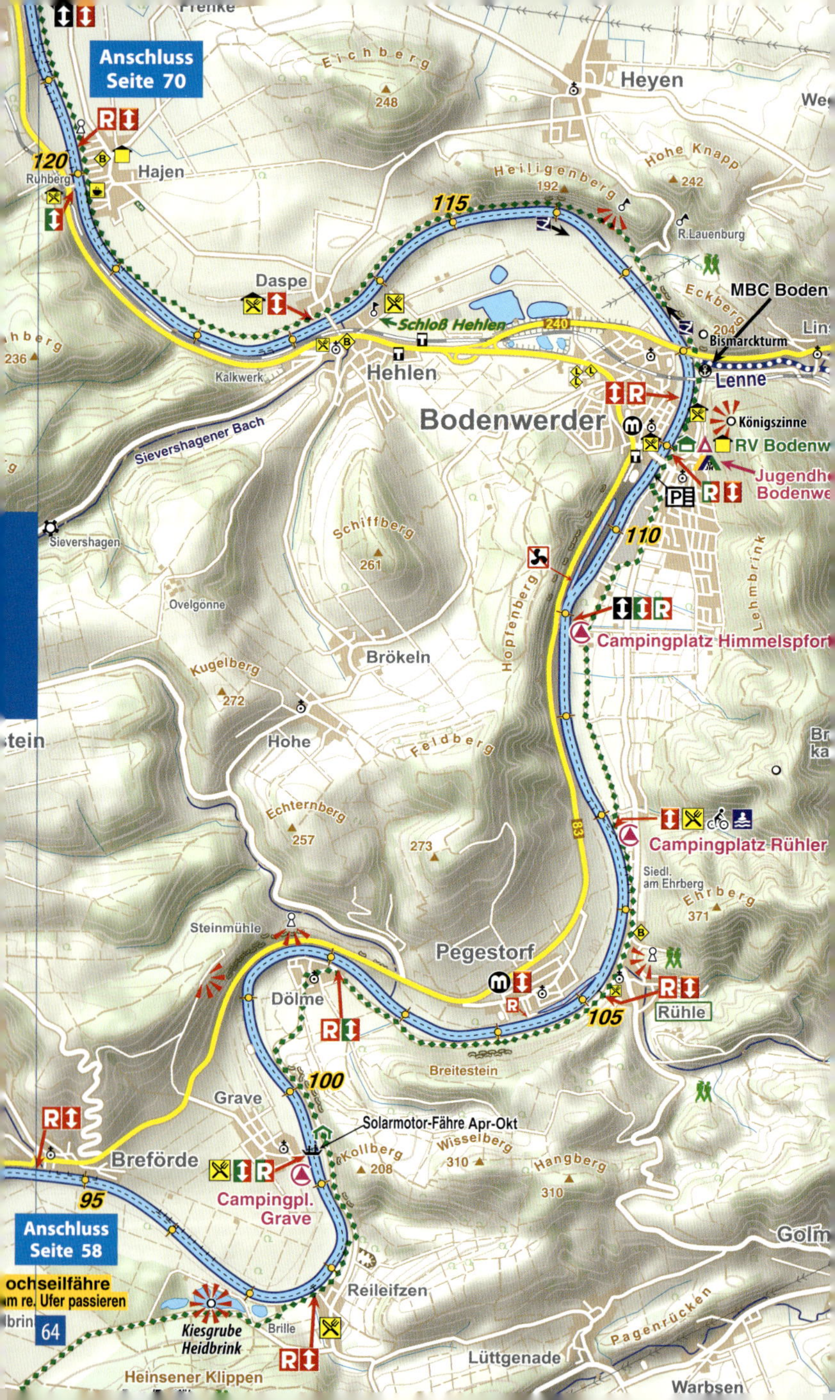

Anschluss Seite 70
Heyen
Eichberg
248
Hajen
Ruhberg
120
Heiligenberg
192
Hohe Knapp
242
115
R.Lauenburg
Daspe
Schloß Hehlen
240
MBC Boden
Eckberg
204
Bismarckturm
Lenne
Hehlen
Kalkwerk
Bodenwerder
Königszinne
RV Bodenw
Jugendh
Bodenwe
Sievershagener Bach
Sievershagen
Schiffberg
261
110
Ovelgönne
Hopfenberg
Lehmbrink
Campingplatz Himmelspfort
Brökeln
Kugelberg
272
Hohe
Feldberg
Echternberg
257
273
83
Campingplatz Rühler
Siedl. am Ehrberg
Ehrberg
371
Steinmühle
Pegestorf
Dölme
Rühle
105
Breitestein
100
Grave
Solarmotor-Fähre Apr-Okt
Wisselberg
310
Kollberg
208
Hangberg
310
Breförde
Campingpl. Grave
95
Anschluss Seite 58
Golm
ochseilfähre
m re. Ufer passieren
Reileifzen
Kiesgrube Heidbrink
Brille
Pagenrücken
Lüttgenade
Heinsener Klippen
Warbsen

Auch auf den folgenden Flussschleifen präsentiert sich die Weser, flankiert von 200-300 Meter hohen Bergen, als Fluss der Ruhe. Der kurze Wechsel zwischen Gleit- und Prallhängen hat verhindert, dass eine Stadt gegründet wurde. Die Muschelkalkfelsen stehen zwischen Polle und Brevörde, bei der Steinmühle oder bei Rühle so dicht am Wasser, dass die Straße teils ins Gestein gesprengt werden musste.

km 94,5

An den Gleithängen zwischen **Brevörde** und **Grave** fließt der Fluss in einer langgezogenen S-Kurve vorbei an **Reileifzen** *(Steinstufen, Kiosk und Toilette)* wieder durch eine liebliche Wiesenlandschaft.

km 97,7

Die ***Solar-Personenfähre „Gravena"*** hat ihren Anleger am Campingplatz in **Grave**. Wer eine ruhige Nacht verbringen möchte, ist auf dem kleinen Platz gut aufgehoben. Am Steinstrand oder am Bootsanleger anlegen, das Zelt aufbauen und wenig später Bioprodukte vom Hof der Familie Stapel im ***„Lecker Landimbiss Auszeit"*** genießen!

km 99,3

Campingplatz
(05535) 363
0160-156 92 25
(Imbiss Sa, So)

Die Weser fließt in eine lange Rechtskurve, eingerahmt von der sanft geschwungenen, bewaldeten Landschaft, die immer wieder von Wiesen und Feldern unterbrochen wird. Am linken Ufer schmiegt sich die ***Steinmühle*** *(kein Ausstieg)* an die schroffen Felswände der Kalksandsteinklippen.

km 101,5

Bereits im 11. Jh. wurde an dieser Stelle eine Mühle erwähnt. Mit ihren beiden übereinander liegenden Wasserrädern gehört sie zu den schönsten erhaltenen Wassermühlen Niedersachsens.

Oberhalb, auf dem ***Mühlenberg***, hat man von der Schutzhütte mit dem 1927 erbauten ***Denkmal für Senator Meyer***, dem Begründer der Dampfschifffahrt auf der Oberweser, eine tolle Aussicht auf den Fluss und den Ort **Dölme** am gegenüberliegenden Ufer. Dort ermöglichen Steinstufen das Anlegen. Ein historischer Treidelpfad ist in Teilen erhalten.

km 102,1

km 104,4

Galerie am Fluss
(05533) 60 33
nach Vereinbarung

Vorbei an der Felswand des ***Breitesteins*** passieren wir links **Pegestorf** *(Steinstufen zum Anlanden)* mit seiner ***Dorfkirche*** von 1749, dem kleinen ***Werftmuseum*** mit ***Weseraquarium*** und der ***Galerie am Fluss*** mit wechselnden Malerei Ausstellungen.

km 105,2

Bei **Pegestorf** zweigt ein Altarm *(nicht befahren!)* der Weser ab. Am rechten Ufer besticht das hübsche und ruhige Örtchen **Rühle** *(Steinstufen)*.

Von hier, wie auch vom bald folgenden Campingplatz, bieten sich herrliche ***Wanderungen*** in die ***„Rühler Schweiz"*** und den ***Vogler*** an. Vom ***Denkmal des Herzogs Wilhelm von Braunschweig*** auf dem ***Weinberg*** hat man einen schönen Blick ins Wesertal. Hübsch anzuschauen sind die historischen Fachwerkhäusern im Ortskern.

km 106,8

Campingplatz Rühler Schweiz
(05533) 28 27

Nördlich des Ortes liegt der gut ausgestattete ***Campingplatz „Rühler Schweiz"*** mit einer Slipbahn am Ende des Platzes. Sogar ein solarbeheiztes Freibad befindet sich auf dem Platz. Die Betreiber vermieten im Ort Rühle auch Ferienwohnungen.

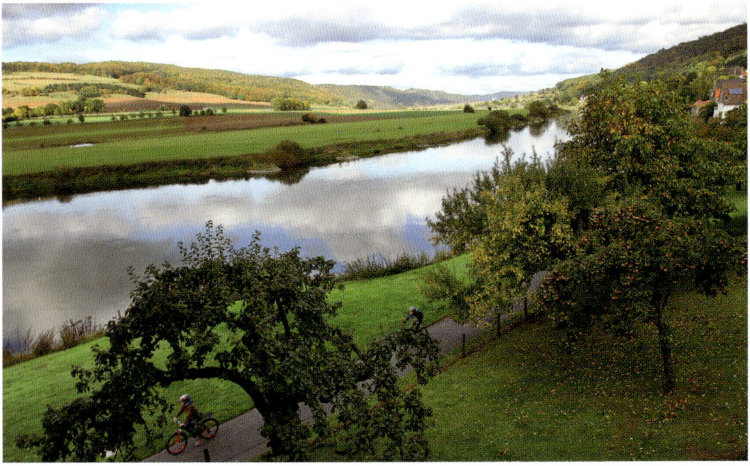

Das Örtchen Rühle ist Ausgangspunkt herrlicher Wanderungen

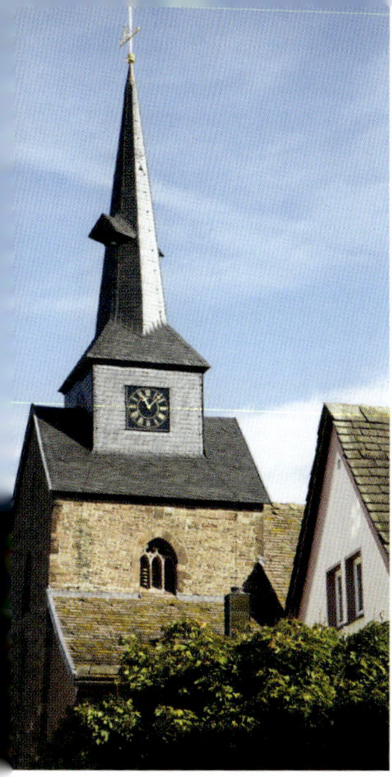

kirche St. Nicolai in Bodenwerder

Zwei Kilometer weiter sollten Paddler an Steinstufen oder an der Slipbahn anlegen, die für den Besuch des sehr hübschen Bodenwerders auf dem *Campingplatz „Himmelspforte“* übernachten möchten. Gegenüber der „Himmelspforte“ zweigt wieder ein – nicht zu befahrender – Altarm ab. Wenn im Fluss die großen Reusen ausgebracht sind, ist beim Passieren äußerste Vorsicht geboten.

km 108,8

Campingplatz Himmelspforte
(05533) 49 38

Vorbei am Gipswerk kommt man unter der Strassenbrücke hindurch an den ***„Gelbe Welle“-Steg*** vor **Bodenwerder**. Im nahegelegenen Bootshaus des *Rudervereins Bodenwerder* kann nach Online-Anmeldung übernachtet werden.

Von hier aus lässt sich gut zum ***Aussichtspunkt Königszinne*** spazieren, der einen lohnenden Blick auf Bodenwerder und das Wesertal gewährt.

Am linken Ufer bieten das *Hotel „Goldener Anker“* direkt hinter der Brücke und 300 m weiter das *Hotel-Restaurant „Weserstuben“* nicht nur Terrassen mit Weserblick, sondern auch die Möglichkeit zur wassernahen Übernachtung.

km 111

Ruderverein Bodenwerder
Online-Anmeldung

Hotel Goldener Anker
(05533) 40 07 30

Hotel-Restaurant Weserstuben
(05533) 96 30 10

In der „Münchhausenstadt“ dreht sich alles um den Lügenbaron Carl Friedrich Hieronymus von Münchhausen, der hier geboren wurde und 1797 im damaligen Herrenhaus, dem heutigen Rathaus, starb.
Sein Leichnam wurde in der Kirche des Benediktinerklosters (11. Jh.) im Ortsteil Kemnade beigesetzt.

km 111,6

Münchhausen Museum
(05533) 40 91 47
Apr-Okt tgl. 10-17

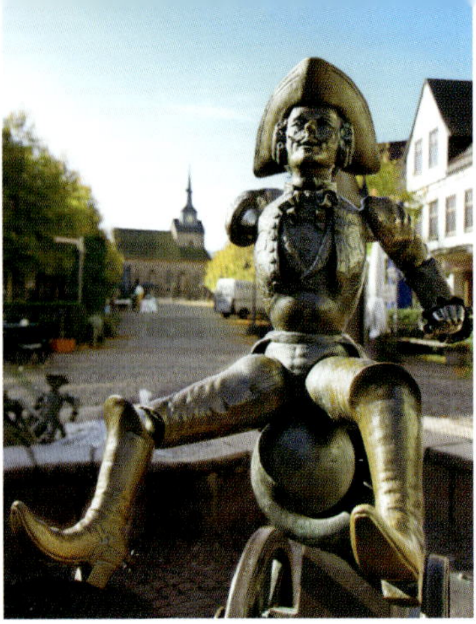

Der Lügenbaron Münchhausen wurde 1720 in Bodenwerder geboren

Er schmückte die Geschichten aus seiner Offizierszeit in russischen Diensten aus und erzählte sie im kleinsten Freundeskreis. Zu seinem Ärger wurden sie später von einem Journalisten in England veröffentlicht. Der Lyriker Gottfried Bürger gab sie schließlich auf Deutsch heraus und fügte dabei noch einen Großteil der Geschichten aus eigener Phantasie hinzu.

Das **Münchhausen-Museum** informiert über den Lügenbaron. Freitags findet ein Wochenmarkt in der Innenstadt statt.

km 112 Unter der Eisenbahnbrücke hindurch verlassen wir **Bodenwerder**. Rechts liegt der Hafen des Motorboot-Clubs Bodenwerder vor der Mündung der *Lenne*. Unter der Brücke kann man links anlanden, um der ***Grabstätte des Barons Münchhausen*** einen Besuch abzustatten. Leider ist die 200 m entfernte ***Klosterkirche*** (schöne Strahlenmadonna) meist verschlossen *(Infos in der Tourist-Info Bodenwerder)*.

Rechts erhebt sich der ***Bismarckturm***. Von hier aus erreicht der ***Wanderer*** die ***Ruinen der sagenumwobenen Lauenburg*** und auf dem ***Heiligenberg*** die ***Reste einer Kapellenanlage***. Hinter dem Berg liegt das Dorf **Heyen** mit der sehenswerten ***St. Ursula-Kirche*** und dem wertvollen Taufstein.

Ein ***Lehrpfad*** entlang des Weserradweges informiert über die Renaturierung der Weserauen.

Die Talkessel weiten sich in westlicher Richtung. In **Hehlen** kann man gut am flachen Ufer anlanden. Zwiebelförmige Türmchen künden von einer weiteren Sehenswürdigkeit, dem trutzigen ***Wasserschloss der Schulenburgs von 1579***. Umgeben wird es von einem mit barocken Gartenfiguren ausgestatteten Park. In unmittelbarer Nähe zum Schloss liegt *„Die Schloßwirtschaft“* in einem alten Wirtschaftsgebäude von 1898. Eine gelungene Verbindung von Restaurant, Café und Rösterei in stimmungsvollem Landhausstil.

Die Schloß-wirtschaft
(05533) 409 99 50

Von links mündet der *Sievershagener Bach* und hinter der kleinen Straßenbrücke zwischen **Hehlen** und **Daspe** gibt es beidufrig ***Anlegemöglichkeiten***. Auf Daspener Seite ist das *Hotel Flower Power* nur wenige Schritte entfernt *(es gibt eine Bootslagermöglichkeit im Innenhof)*.

km 116,8

Hotel Flower Power
(05533) 93 47 01

Am Fuße des 236 Meter hohen ***Ruhbergs*** passieren wir das Kalkwerk von Hehlen und treffen bei **Hajen** auf den ***Fähranleger*** *(Gierseilfähre außer Betrieb)*, der auch für Paddler zum Anlanden geeignet ist. An Sommerwochenenden öffnet der Biergarten des kleinen ***Café Have***.

km 119,9

Café Have
nur Wochenende im Sommer

Auf der linken Uferseite lockt das *Gasthaus „Zum Ruhberg“* *(Fr ab 17.30, Sa+So 11-15)* mit schönem Biergarten zur Einkehr und mit Gästezimmern zum Nächtigen. Rechtsufrig, 200 m vom Fähranleger entfernt, bietet *Müllers Hof* Gästezimmer und eine Ferienwohnung. Nebenan gibt es eine ***Bäckerei*** mit Lebensmittelsortiment.

Zum Ruhberg
(05155) 14 24
linksufrig, Fr-So

Müllers Hof
(05157) 239

Haben Sie es gemerkt? Sie haben vor Erreichen der Steinstufen am ***„Gelbe Welle“-Anleger*** den ***Breitengrad 52° 00´ 00´´ N*** passiert. Auf dem Radweg ist die genaue Stelle mit einer Infotafel zwischen den Pflastersteinen markiert.

km 120,3

Die ***Hüossen-Skulptur (Katernhajen-Denkmal)*** von Jan D. Ehlers zeigt Treidelschiffer und geht auf die Sage „Katernhajen und die Weserschiffer“ zurück. *Früher mussten die Weserschiffe den Strom hinauf getreidelt, also von Pferd oder Mensch gezogen werden. „Hüossen“ (nach Hü, Ochsen) wurden*

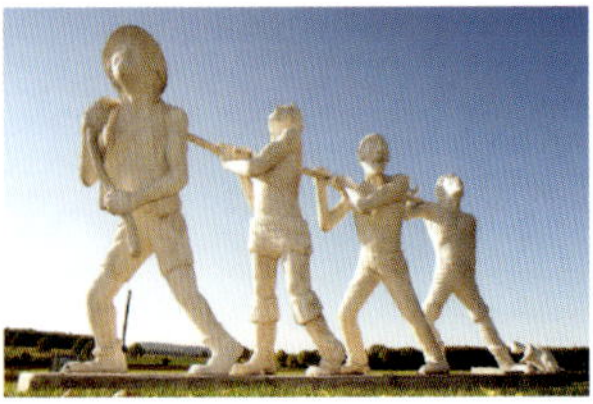

die Treideler verächtlich genannt. Einige von ihnen kehrten eines Abends in einem Hajener Gasthaus ein. Statt seines wohlriechenden Hasenbratens servierte der Wirt jedoch altes Brot und ranzigen Speck. Also klauten die Treideler in unbeobachtetem Moment den Hasen aus dem Ofen und zogen weiter, bevor der Diebstahl bemerkt wurde. Der Wirt schwor Rache und ließ einen Kater braten, als die „Hüossen" wieder eine Nacht bei ihm verbrachten. Erneut stahlen die Treideler den Braten und bekamen vom Wirt als Beweis für den falschen Hasenbraten das Katzenfell präsentiert. Den „Hüossen" wurde übel. Nie mehr kehrten sie in Hajen ein, sondern miauten beim Passieren von Hajen jämmerlich. Seither heißt das Dorf „Katten-" oder „Katern-Hajen".

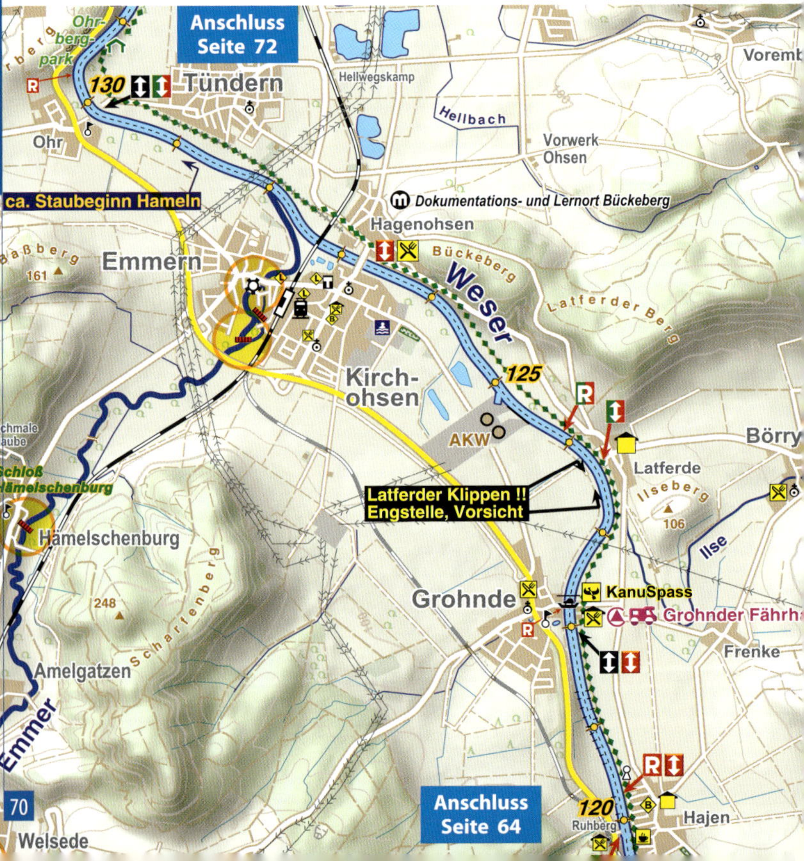

Im zwei Kilometer entfernten **Grohnde** fühlt man sich im *Grohnder Fährhaus* nach Bayern versetzt. Die moderne Anlage umfasst ***Hotel***, ***Wirtshaus*** mit Biergarten und ***Campingplatz***. Neben bayerischer Küche gibt es im Winter gar Aprés-Ski-Partys in einer Almhütte. Boote vermietet *KanuSpass.*

km 122,2

Grohnder Fährhaus
(05155) 34 79 80

KanuSpass
01577-437 71 96
0170-773 03 42

Vom Biergarten hat man einen schönen Blick auf das ***Grohnder Schloss*** am gegenüberliegenden Ufer. *Die ehemalige Wasserburg von 1421 war Amtsvogtei und ist heute Domäne.* Vom linksufrigen ***Fähranleger*** *(mit Steinstufen zum Anlegen)* geht's durch ein Tor zum Schloss.

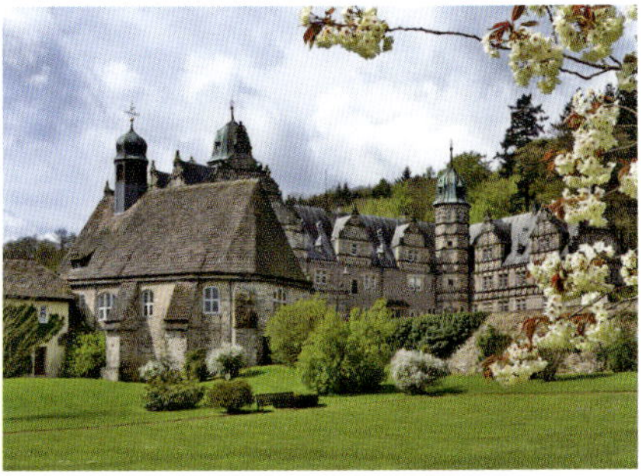

Von **Grohnde** aus lohnt eine Radtour zu dem am Ufer der *Emmer* gelegenen ***Weser-Renaissanceschloss Hämelschenburg***, eine der schönsten Anlagen im Weserbergland.

Nach der Mündung des *Ilsebachs* beginnen rechts am Ufer die ***„Latferder Klippen"***, eine meist unter Wasser liegende Steinformation, die mit stärkerer Strömung einstmals Schiffer in Angst und Schrecken versetzte. Vorsicht bei Gegenverkehr!

km 123,6

Pension Strüver
(05155) 970 20

Von **Latferde**, das bei km 124,1 Steinstufen zum Anlegen bietet, fällt der Blick auf die Kühltürme des ***Atomkraftwerks Grohnde***, die wie Fremdkörper in der sonst so idyllischen Landschaft ins Auge stechen. Der Druckwasserreaktor wurde 2021 im Rahmen des Atomausstiegs abgeschaltet. Auf dem Gelände befindet sich ein atomares Zwischenlager.

km 124,1

Hagenohsen gehört als einer von 17 Ortsteilen zur Gemeinde **Emmerthal**. Hier am rechten Ufer ist unterhalb des ***Restaurants „Korfu"*** der nächste ***„Gelbe Welle"-Schwimmsteg.***

km 126,6

Kaum einer weiß, dass zwischen 1933 und 1937 auf dem nahen ***Bückeberg*** *mit Blick auf die Weser das Reichserntedankfest stattfand. Mit zuletzt über einer Million Besuchern nach dem Reichsparteitag in Nürnberg die größte Massenveranstaltung der Nationalsozialisten. Der* ***Dokumentations- und Lernort Bückeberg*** *zeigt auf der Fläche eine Dauerausstellung.*

Dokumentations- und Lernort Bückeberg
(05151) 94 82 51
frei zugänglich

km 127 Es folgen Straßen- und Eisenbahnbrücke. Links liegen **Kirchohsen** und **Emmern**. Vier Kilometer die hier mündende *Emmer* hinauf, steht das prächtige ***Weser-Renaissanceschloss Hämelschenburg***.

km 129,9 Die Strömung wird allmählich schwächer, der Rückstau des Hamelner Wehrs macht sich bemerkbar. Am rechten Ufer ist eine erste Windmühle zu sehen und dann am linken Ufer das ***Rittergut Ohr.*** Das

Anschluss Seite 77

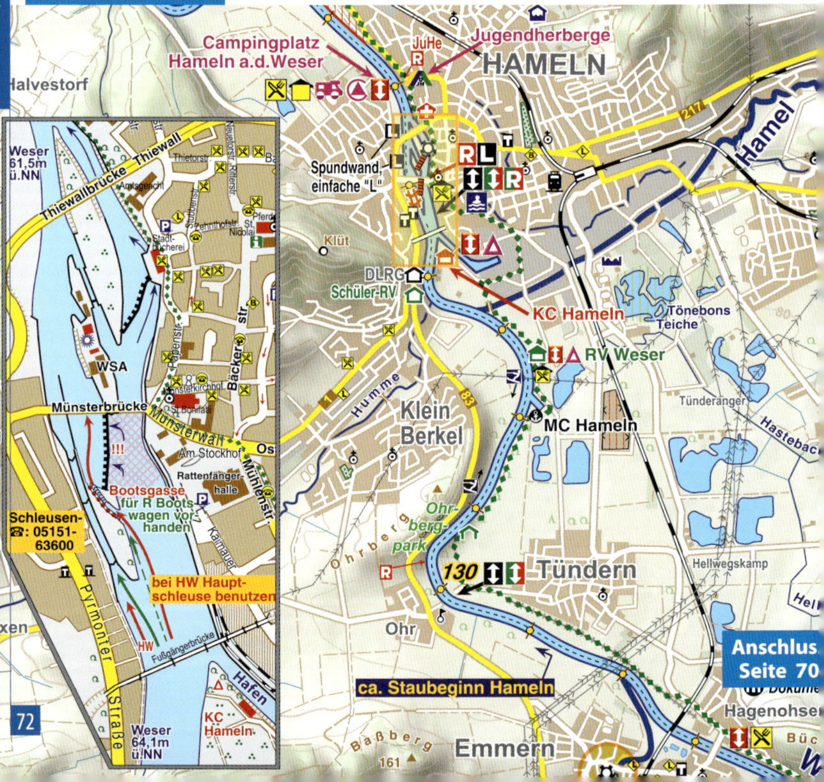

Anschluss Seite 70

Gutshaus befindet sich in Privatbesitz. Bei Kilometer 130,3 sind Steinstufen am ***„Gelbe Welle"-Anleger***. Der **Ohrberg** hat einen ***sehenswerten Park mit exotischen Bäumen***. Auch befindet sich hier das Institut für Solarenergieforschung.

km 130,3

Ohrbergpark

Wir nähern uns **Hameln**. Am Ende der ***Wasserskistrecke*** befindet sich rechts der Hafen des MC Hameln, gefolgt vom ***Wirtshaus „Tündernsche Warte"***. Um zu rasten oder zu übernachten, bitte am 100 Meter entfernten ***Schwimmsteg*** des ***Rudervereins Weser*** anlanden. Alternativ kann hier gezeltet oder auf der Luftmatratze im Bootshaus *(bitte anmelden)* genächtigt werden.

km 132,6

Wirtshaus Tündernsche Warte
(05151) 92 47 04

Ruderverein Weser von 1885
(05151) 423 69

Nach der Mündung der *Fluthamel* von rechts und der *Humme* von links sehen wir am linken Ufer mehrere Clubhäuser und vor uns die denkmalgeschützte ehemalige Eisenbahnbrücke. Der Platz des ***Kanu-Clubs Hameln*** rechts am Ende der Landspitze bietet sich zur Erkundung der sehenswerten Altstadt *(10 Min. Fußweg)* an.

Alternativ ist hinter dem Minensuchboot „Pluto" ein ***„Gelbe Welle"-Steg***, wenige Schritte vom ***Hotel „Stadt Hameln"*** entfernt.

km 134,3

Kanu-Club Hameln
(05151) 40 81 31

Hotel Stadt Hameln
(05151) 90 10

Noch vor der großen Münsterbrücke kommen wir ans einzige Hindernis der gesamten Tour. Links vor dem ***Wehr Hameln*** wurde 1959 die erste deutsche ***Bootsgasse*** eröffnet. Im Unterwasser links halten. Alternativ kann auch leicht ***umtragen*** oder nach Voranmeldung in der ***Schleuse*** geschleust werden.

km 134,8

Bootsgasse oder **70 m umtragen** oder **nach Anmeldung schleusen**
(05151) 636 00

Wir unterqueren erst die Münster-, 400 m weiter die Thiewallbrücke und passieren den ***Schwimmsteg „Hameln-Werder***. Nach Vereinigung des Stroms mit dem zweiten Weserarm haben wir die Qual der Wahl. Am linken Ufer auf den ***Campingplatz*** mit Tapas-Bar und zwei Campingfässern oder doch lieber am rechten Ufer in die ***Jugendherberge?***

km 136

Campingplatz Hameln
0176-823 27 695

Jugendherberge
(05151) 34 25

Blick auf Hameln

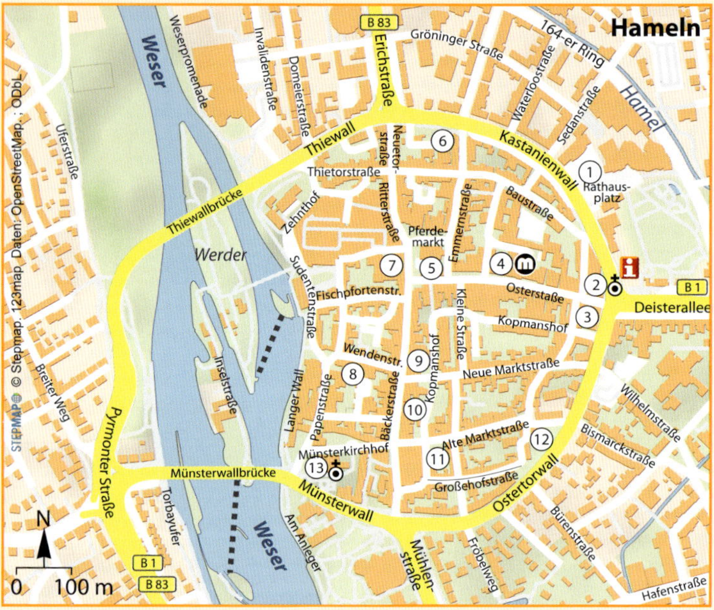

(1) ***Rattenfängerbrunnen*** am Rathaus

(2) ***Garnisonskirche,*** 1712 im nordd. Barock errichtet

(3) ***Rattenfängerhaus,*** mit reich verziertem Renaissancegiebel

(4) ***Leisthaus*** von 1585 mit Museum und historischem Museumscafé

(5) ***Hochzeitshaus,*** 1617 errichteter Renaissancebau, in dem der Morphium-Entdecker Friedrich Wilhelm Sertürner wirkte

(6) ***Haspelmathturm,*** ehemaliger Pulverturm, in dem sich heute die Glashütte mit Glasbläserei, Glasschleiferei und Verkauf befindet

(7) ***Dempterhaus,*** 1607/08 für Tobias von Dempter (1629 Bürgermeister) errichtet. Verziert mit reich geschnitztem Fachwerk

(8) ***Lückingsches Haus*** (erbaut im Dreißigjährigen Krieg) mit reichem, ornamentalem Schmuck

(9) ***Löwenapotheke*** 1300 als gotischer Bau erbaut, Hexagramm im Giebel (vmtl. Unterkunft der in Hameln ansässigen Schutzjuden im Mittelalter)

Hameln Marketing und Tourismus
Deisterallee 1, Tel. (05151) 95 78 23, www.hameln.de/erlebnisse

⑩ ***Ratsschänke „Rattenkrug"*** (1250)
⑪ ***Kurie Jerusalem*** (ehemaliges Speichergebäude, um 1500)
⑫ ***Redenhof*** von 1568
⑬ ***Münster St. Bonifatius*** (dreischiffige, gotische Hallenkirche)

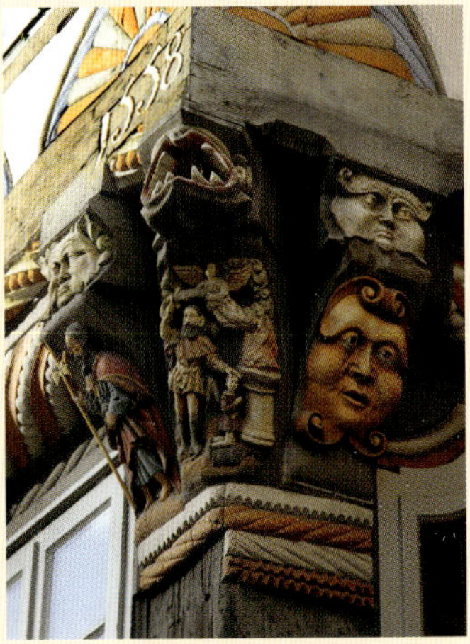

Weserrenaissance, Stiftsherrenhaus

Zahlreiche Bauten der Weser-Renaissance zieren die größte Stadt an der Oberweser. Das ev.-luth. Hamelner Münster St. Bonifatius entstand um das Jahr 800.

In der sehenswerten Stadt dreht sich vieles um den Rattenfänger. Nach einer handschriftlichen Überlieferung litt Hameln im Jahre 1284 an einer großen Rattenplage. Ein in der Stadt weilender wunderlicher Mann versprach, gegen Entlohnung sie von dieser zu befreien. Mit Hilfe seines Pfeifchens lockte er die Ratten in die Weser. Als ihm die Bürger den versprochenen Lohn verweigerten, verließ er verbittert die Stadt. Aber er kehrte zurück und diesmal nennt die Sage das genaue Datum: *„Anno 1284 am Dage Johanni et Pauli, war der 26. Junii."* Die Bürger der Stadt befanden sich großenteils im Gottesdienst, da erschien der „Piper" abermals, zog sein Pfeifchen heraus und pfiff. Diesmal folgten ihm *„Knaben und Mägdlein vom vierten Jahre an in großer Zahl. Er zog mit ihnen zum Ostentore hinaus in einen Berg, wo er mit ihnen verschwand."* Und weiter hieß es *„... die Kinder seien in Siebenbürgen wieder herausgekommen. Es waren ganze 130 Kinder verloren."*

Forscher glauben, dass sich die Sage vom Flötenspiel und Reden eines Werbers abgeleitet hat. Einem Mann mit besonderen Kräften, dem es gelang, Menschen in die Fremde zu locken. Es könnte so gewesen sein, dass im Zuge der Ostland-Besiedlung eine Anwerbung von Hamelner Bürgern durch Adlige, wie zum Beispiel den Grafen von Schaumburg, stattgefunden hat. Später könnte es zu einer Verknüpfung der Rattenplage und deren Beseitigung und des Fortzugs der als „Kinder der Stadt" bezeichneten Bürger gekommen sein.

Rattenfänger-Freilichtspiel

Aufführung des ***Rattenfänger-Freilichtspiel*** auf der Hochzeitshaus-Terrasse
Mitte Mai bis Sept, Sonntag 12 Uhr, Dauer ca. 30 Min., kostenlos

Etappe 3 – Von Hameln bis Minden

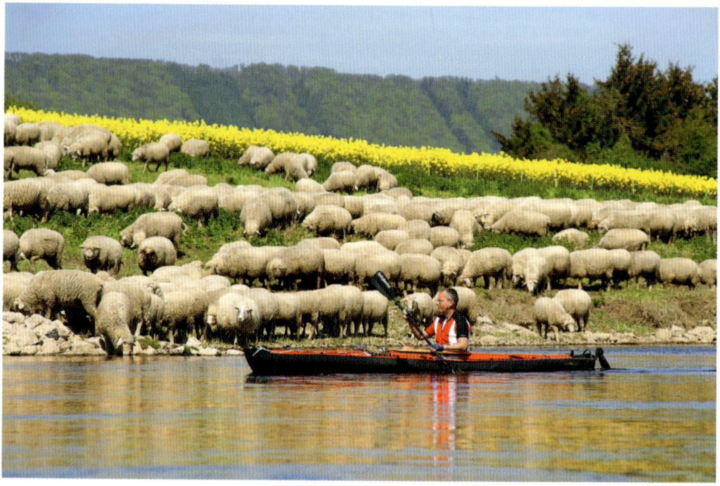

Schafe, aber auch Pferde grasen auf den bis an den Fluss reichenden Weiden

Einsetzstelle

Jugendherberge Hameln
(Weser-km 136)

Fischbecker Straße 33, Hameln.

Aussetzstelle

Gelände des SV 1860 Minden
(Weser-km 202,7)

Weserpromenade 26, Minden.

Länge & Dauer der Etappe

ca. 67 km, ca. 2-3 Tage

Schleusen oder Bootsgassen

Keine

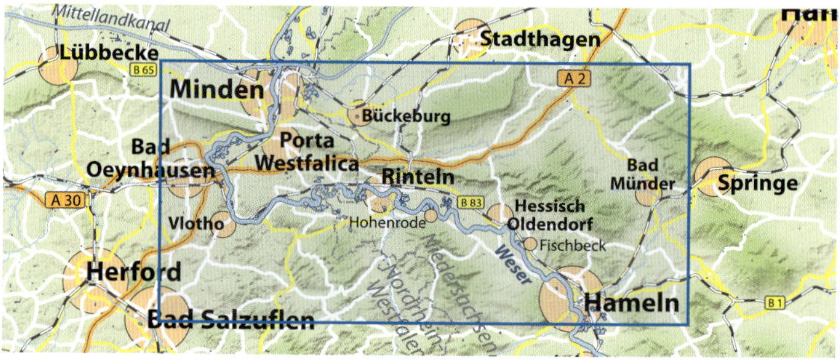

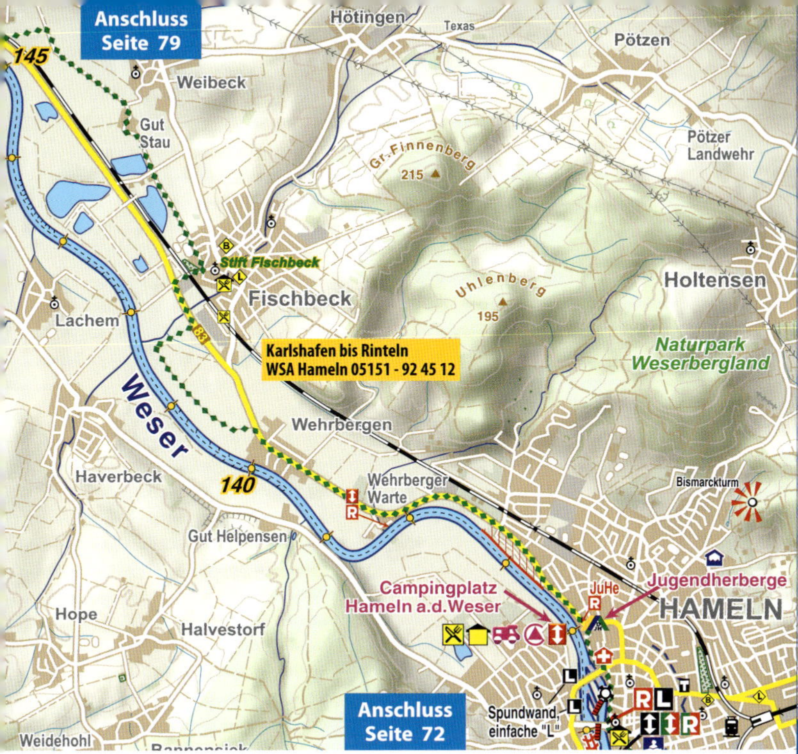

Unterhalb von Hameln ist das Wesertal mittlerweile breit geworden. In einer Linkskurve ermöglichen ***Steinstufen*** am rechten Ufer eine ***Rast***. **km 138,2**

Das (nicht zu besichtigende) ***Gut Helpensen*** am linken Ufer ist das Herrenhaus eines größeren landwirtschaftlichen Anwesens. **km 139,5**

Für den einen Kilometer langen Weg zum lohnenden ***Stift Fischbeck*** legt man am rechten Ufer an. **km 142**

Die Zeit scheint an diesem friedlichen Ort mit seinem wunderschönen Garten stehengeblieben zu sein. In der über 1.000-jährigen Geschichte mussten die Frauen ständig für den Erhalt des Stifts kämpfen. Heute erklären die Damen Besuchern die Anlage. Mit ihrer dreischiffen Basilika ist sie eine der bedeutendsten romanischen Kirchen im Weserbergland.

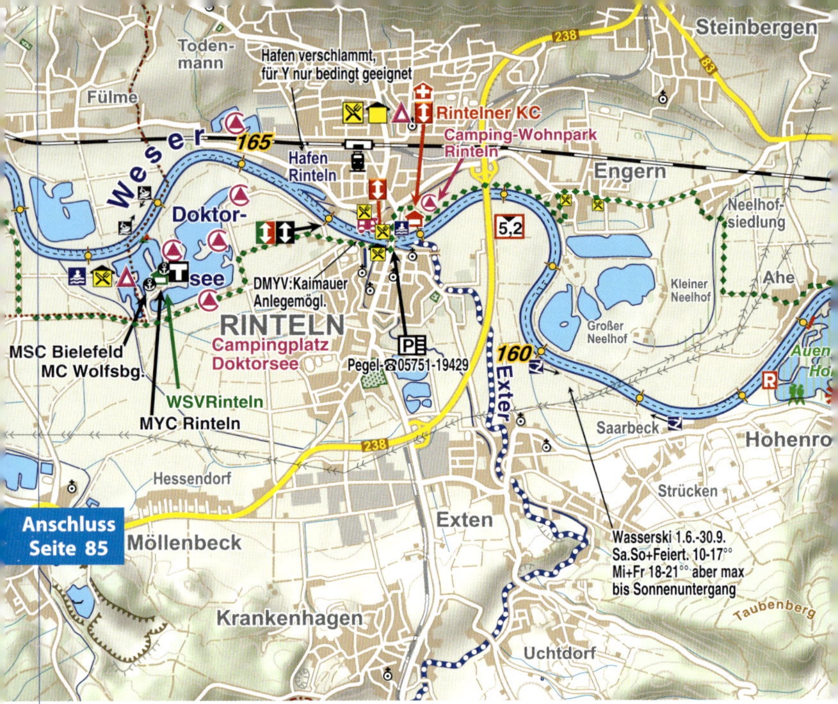

km 146,5 Nach einer engeren Linkskurve überspannt eine Brücke den Fluss beim Ortsteil **Fuhlen**.

Das einen Kilometer vom Fluss entfernte **Hessisch Oldendorf** gehörte bis 1936 zur damals preußischen Provinz Hessen-Nassau. *Ursprünglich an einem Weserarm lag der dortige Münchhausenhof aus dem 13. Jahrhundert. Das zweiflügelige, schlossähnliche Herrenhaus ist einer der bedeutendsten Adelshöfe der Weserrenaissance. Der Literat Ludolf von Münchhausen (1570-1640) trug hier eine bedeutende Bibliothek zusammen und erwarb 1596 die Sonnenuhr, die das Gebäude schmückt.*

Von Hessisch Oldendorf führen schöne ***Wanderungen*** in den ***Naturpark Weserbergland.***

Am linken Ufer kann an einer Slipbahn angelegt werden. Zum Beispiel um etwa am letzten August-

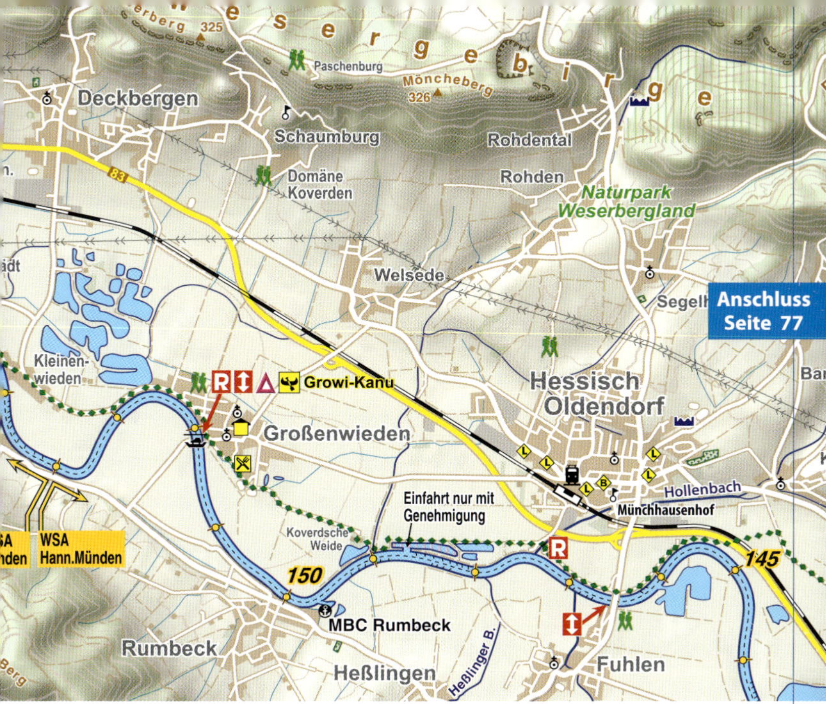

Wochenende die seit der Reformation jährlich stattfindende Kirmes mit den 800 Bewohnern **Fuhlens** gemeinsam zu feiern.

km 150

Vorbei an ehemaligen Kiesseen und dem Yachthafen des MBC Sonnensee Rumbeck, ist hinter dem Ort **Rumbeck** der ***Rumbecker Berg*** mit seinen einsamen Wäldern zu erkennen.

km 151,9

In **Großenwieden** verkehrt eine ***Gierseilfähre***. Nach Rücksprache mit dem netten Fährmann kann man neben der Grillhütte auf der Wiese sein Zelt aufschlagen oder bei ihm das Kanu unterstellen und im Ort im ***Hof Klostermann*** ein Zimmer beziehen. Bei ***Growi-Kanu*** bekommt man Kanus und SUPs.

Von kunstgeschichtlicher Bedeutung ist das Dorf wegen seiner gotischen St. Matthaei-Kirche, deren ältestes Kunstwerk der Tabernakel von 1300 ist.

Fähre
(05152) 28 56

Hof Klostermann
(05152) 25 96

Growi-Kanu
0174-995 39 26

Auf dem ehemaligen Treidelpfad von Großenwieden bis Rinteln informieren heute am *Planetenweg* Tafeln über die Gestirne. Die *Wanderung* zu ***Schloss Schaumburg*** (6 km) und zur ***Paschenburg*** (7 km) belohnt mit schöner Fernsicht ins Wesertal.

Im weiteren Flussverlauf kann man an den flachen Kiesstränden unterhalb von Wiesen gut anlanden.

km 155 Nach einer Rechtskurve schwenkt die Weser bei **Kleinenwieden** nach links in eine langgezogene große Schleife.

Hinter dem bewaldeten linken Ufer ist über die Jahre in einem ehemaligen Kiesabbaugebiet eine beeindruckende Auenlandschaft mit altwasserähnlichen Kiesseen an Steilufern, Flachwasserzonen und Inseln enstanden: Das ***Naturschutzgebiet Auenlandschaft Hohenrode,*** wo zahlreiche Enten- und Gänsearten, Eisvogel, Uferschwalbe, Flussregenpfeifer und Fischadler ihren Lebensraum haben. Zudem ist es ein bedeutendes Rastgebiet, denn die Weser ist für den Vogelzug eine wichtige Leitlinie. Über den Seen und den von Galloway-Rindern beweideten Offenlandflächen kreist der Seeadler.

NSG Auenlandschaft Hohenrode

km 157,7 Eine gute Möglichkeit, um dieser einzigartigen Auenlandschaft einen kurzen Besuch abzustatten, findet sich etwa 700 Meter nach der von der Weser abgesperrten Einfahrt am linken Ufer in einer sandigen Bucht.

Über einen Feldweg gelangt man zur Landstraße, wo man nach links abbiegt, um in insgesamt 15 Minuten zur hölzernen ***Beobachtungshütte*** am Rande von **Hohenrode** zu laufen. Mit Blick direkt auf die Seenlandschaft kann man – am besten mit dem Fernglas – die bunte Vogelwelt beobachten oder ein paar Schritte auf den ausgewiesenen Wegen gehen. Hinterher kehrt man in der Ortsmitte im viel gelobten *Prasuhn's Hofcafé* ein – einem

Prasuhn's Hofcafé
(05751) 96 83 35

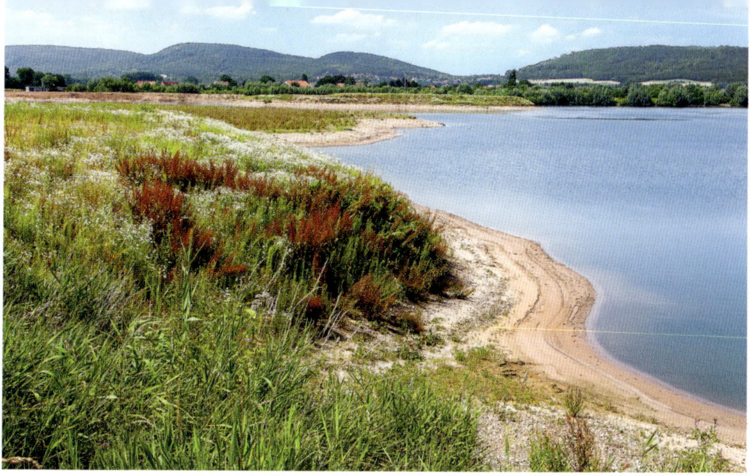

der schönsten Höfe im Weserbergland – ein. Der Kuchen ist oberlecker, aber auch die knusprigen Spareribs und handgeklopften Schnitzel sind nicht zu verachten.

Vorsicht ist wegen des ***Schiffsverkehrs in und aus der Kiesgrube*** am rechten Ufer ebenso geboten wie auf der folgenden ***Wasserskistrecke*** oder an der ***Kiesverladestation*** (km 161). Hier wenden immer mal wieder Kiesfrachter.

km 158,6 - km 160

Mit Blick auf die Bundesstraßenbrücke erreichen wir **Rinteln**. Noch vor dem ***Familien- und Freizeit-Bad „Weserangerbad"*** liegt rechts das Gelände des *Rintelner Kanu-Clubs* mit Schwimmsteg – eine DKV-Kanustation, wo wahlweise im Zimmer, Matratzenlager oder Zelt übernachtet werden kann *(auch für Nichtmitglieder)*.

km 163

Rintelner Kanu-Club
(05751) 64 27

Hinter der Brücke ist rechts ein Schwimmsteg und daneben eine chillige *Beachbar.* Wenige Schritte weiter gibt es den *Erlebnisbiergarten „Weserdorf."* Am linken Flussufer liegt das *Hotel Brückentor.*

Bodega Beach Club
(05751) 96 82 40

Weserdorf
01525-263 27 55

Über die Brücke, die gewissermaßen Gründungspunkt Rintelns ist, kommt man in die 750 Jahre alte ehemalige Universitäts- und Festungsstadt.

Hotel Brückentor
(05751) 953 80

Blick auf Rinteln

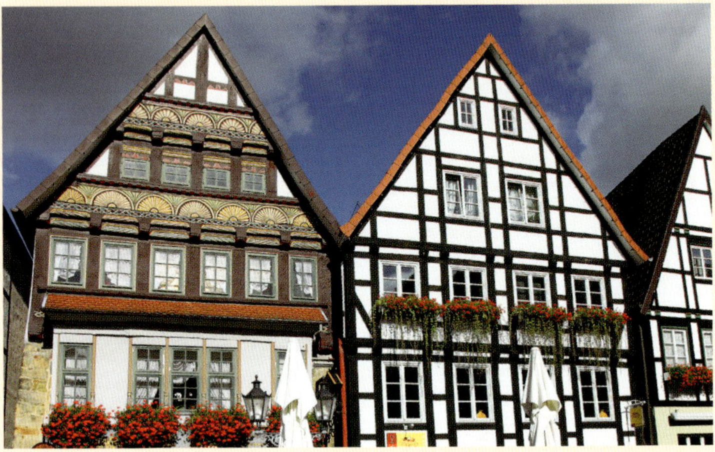

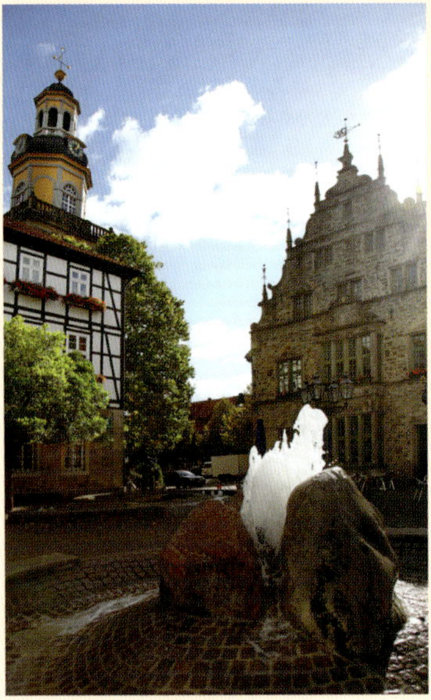

Prächtigstes Gebäude auf dem Marktplatz ist der Ratskeller, das frühere Rathaus

Graf Adolf von Schaumburg ließ Rinteln 1230 mit der im Hochmittelalter üblichen Straßenführung im Schachbrettmuster anlegen. In den Wirren des Dreißigjährigen Krieges kam die Universität von Stadthagen nach Rinteln. Ihr Name ist mit grausamen Hexenprozessen verbunden, die noch zu Beginn des 17. Jh. zahlreiche Opfer unter der Bevölkerung forderten.

Am wahrhaft schönen Marktplatz ist das hübscheste der ihn säumenden Fachwerkhäuser der Ratskeller. Die Anfänge des früheren Rathauses reichen bis ins 13. Jh. zurück. Aber auch das wenige Schritte entfernt liegende Wahrzeichen der Stadt, die dreischiffige Hallenkirche St. Nikolai mit ihrem markanten Turm, ist sehenswert.

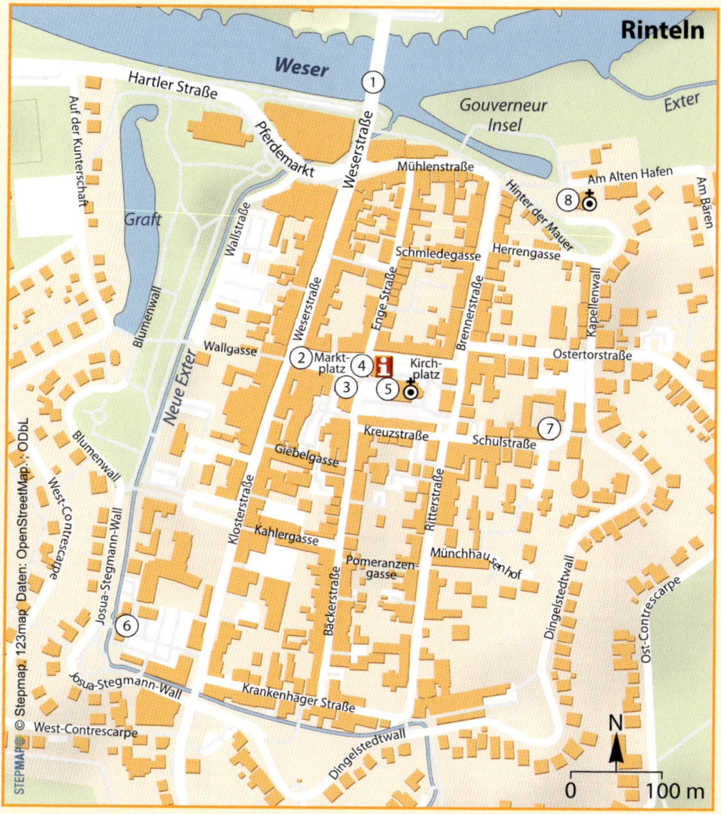

① ***Weserbrücke***

② ***Historischer Marktplatz,*** umgeben von Fachwerkhäusern, teils aus dem 13. Jh.

③ ***Ratskeller*** (13. Jh.) im Stil der Weserrenaissance umgestaltet

④ ***Bürgerhaus*** (17. Jh.) und ***Nachtwächter-Denkmal***

⑤ ***St.-Nikolai-Kirche*** (1238 erstmals erwähnt)

⑥ ***Schaumburgisches Heimatmuseum „Eulenburg“*** (15. Jh.)

⑦ ***Fachwerkhäuser in der Schulstraße,*** teilweise aus dem 16. Jh.

⑧ ***Katholische St.-Sturmius-Kirche*** (neugotisch, 1888)

Tourist-Info Rinteln, Marktplatz 7, Tel. (05751) 40 39 80
www.westliches-weserbergland.de

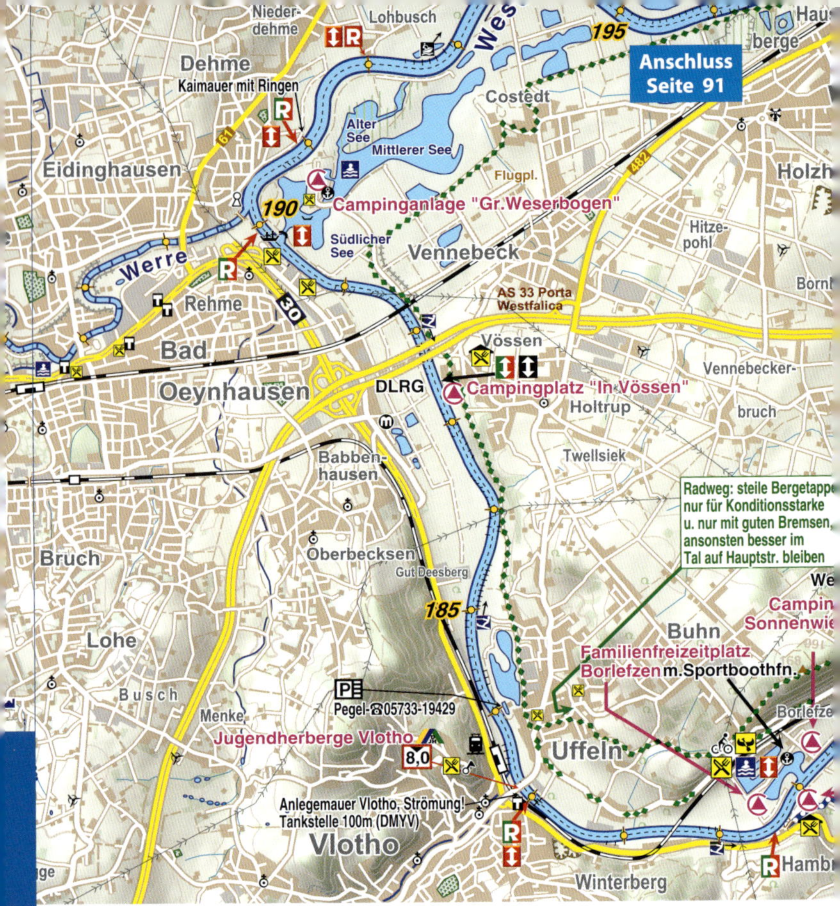

km 166,4

Camping- und Freizeitpark Doktorsee
(05751) 96 48 60

WSV Rinteln
(05751) 438 34
(05722) 213 10

Wir verlassen Rinteln vorbei am Kreishafen und passieren eine kurze ***Jetskistrecke***. An deren Ende geht es links in den westlichen der beiden Seen des *Freizeitparks Doktorsee*. Die ehemaligen Kiesseen bieten heute auf einem Quadratkilometer Fläche Bootshäfen, Badestrand und Campingplatz (mit Appartements). Alternativ kann bei den Ruderern des *WSV Rinteln* nach Voranmeldung gezeltet oder im Clubheim übernachtet werden.

km 168,7

An der Brücke in **Eisbergen** ist am linken Ufer ein Rastplatz mit Steganlage und Grillhütte.

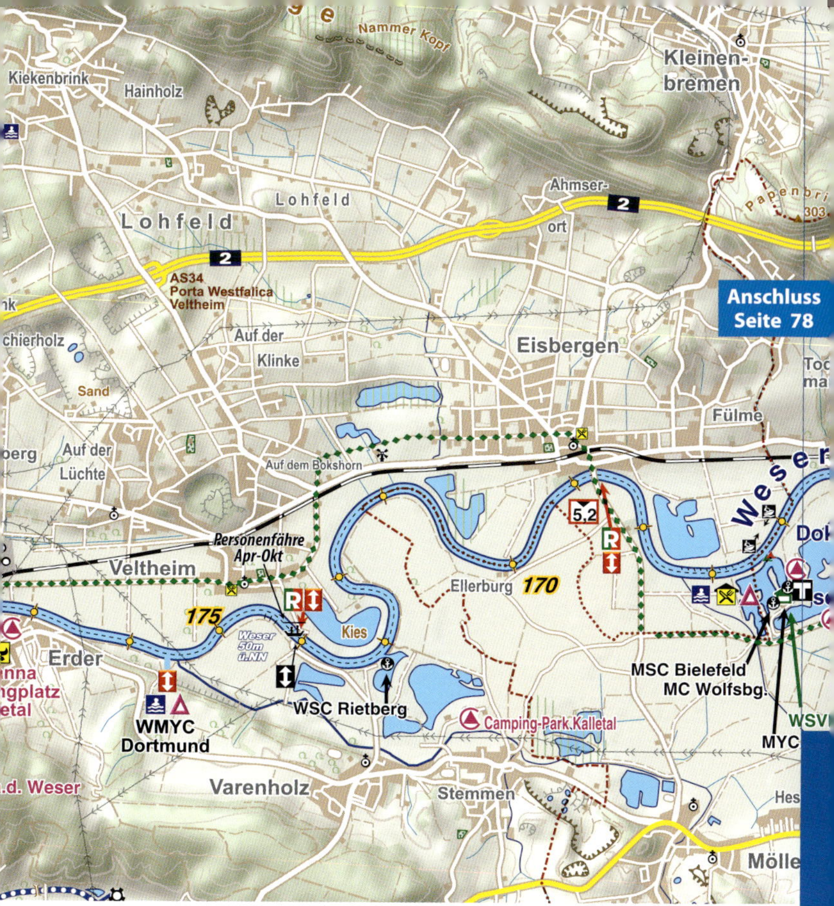

Die im Zweiten Weltkrieg zerstörte Brücke wurde 1946 wiederhergestellt. Im Mai 1945 waren 12 Menschen bei der Kenterung der Behelfsfähre ertrunken.

Der landwirtschaftliche ***Gutshof Ellerburg*** steht bei km 170 in einer Ruhezone für Vögel. **km 170**

Durch einen alten Vermessungsfehler beträgt der Abstand zum nächsten Kilometerschild 171 tatsächlich 1.600 m.

Nach dem folgenden Mäander taucht am rechten Ufer die ***Windmühle Veltheim*** auf. *Sie wurde 1903* **km 171**

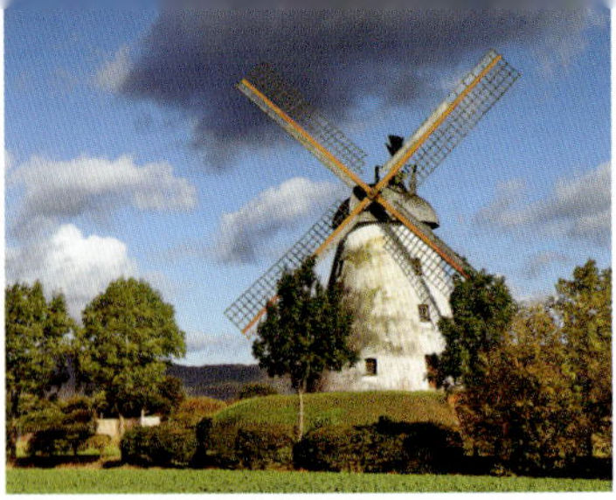

als Ersatz für den Erdholländer erbaut, der nach einem Blitzeinschlag abgerissen werden musste.

Die Weser windet sich wieder gen Süden und passiert einen weiteren See am linken Ufer.

km 174,1

Bei **Veltheim** treffen wir auf die nächste ***Personenfähre***. Oberhalb des Anlegers erinnert am rechten Ufer ein ***Obelisk*** an die 81 Soldaten, die 1925 bei einem Militärmanöver im Fluss ertranken.

Auf den letzten 30 Kilometern unserer Tour wird die Weser vor allem an Wochenenden intensiv von Motorbootfahrern genutzt.

km 175,6

Westfälischer Motoryachtclub Dortmund
0171-676 49 81
im Adressteil unter Erder, während Corona nur nach telef. Anmeldung

Es folgen mehrere Campingplätze und Yachthäfen. Bei gutem Wetter liegt immer irgendwo der Geruch von Grillgut in der Luft. Durch eine schmale Einfahrt geht es links in den kleinen Yachthafen des ***Westfälischen Motoryachtclubs Dortmund***. Hier dürfen auch Paddler auf dem idyllischen Vereinsgelände (Swimmingpool) am Waldrand ihr Zelt aufbauen.

km 177,1

Am linken Ufer wollte Fürstin Pauline zur Lippe 1733 den kleinen Ort **Erder** *zu einem großen Binnenhafen ausbauen lassen. Der Plan wurde von Preußen jedoch nicht genehmigt, um Konkurrenz für die Häfen in Minden und Vlotho zu vermeiden. Den Weserhafen nutzten bis zum Ausbau der Bahnstrecke um 1900 viele Wanderarbeiter, um auf Dampfschiffen über Bremen zur Arbeit in die Ziegeleien Ostfrieslands und der Niederlande zu kommen.*

km 177,3

Julianna Campingplatz-Kalletal
0160-747 70 87

Früher ein Platz für Dauercamper, ist der ruhige ***Julianna Campingplatz Kalletal*** heute ein familien- und paddlerfreundlicher Familienbetrieb. Die Bootsstege laden zum Anlegen ein und wer seine Tour hier beginnen will, soll sich ab 2022 auch ein Kanu mieten können.

Schräg gegenüber am Nordufer, da wo die Weser wieder nach Süden schwenkt, hat rechts der Weser-YC Erder seine Stege im kleinen Hafenbecken.

Die folgende ***Wasserskistrecke*** hier am Beginn der sechsten Engtalstrecke ist stark frequentiert und deshalb mit Vorsicht zu passieren.

km 178 -181

Gleich zwei große Campingplätze (mit Restaurant), die nahtlos ineinander übergehen, finden wir am rechten Ufer in **Borlefzen** (Ortsteil von Vlotho).

km 179,8

Während der ***Campingplatz Sonnenwiese*** über einen Panoramapool mit aufschiebbarem Dach und Gegenstromanlage sowie ein Bistro-Restaurant verfügt, schätzen die Gäste auf dem ***Familienfreizeitplatz Borlefzen*** ihren „Italiener". Zum Gelände gehören ein 80.000 Quadratmeter großer Yachthafen und ein 90.000 Quadratmeter großer Badesee.

Camping-paradies Sonnenwiese
(05733) 82 17

Familienfreizeit-platz Borlefzen
(05733) 800 08

Wer es ruhiger mag, landet am linken Ufer an der Slipbahn nahe der Mündung der Kalle an. Auf der Wiese direkt an der Slipbahn kann günstig das Zelt aufgebaut werden. Zur Anmeldung auf dem schlichten ***Naturcamp an der Weser*** läuft man die Treppenstufen nach oben. Laut niederländ. Betreiber *„ein Platz für Leute, die Ruhe in einer natürlichen Umgebung suchen".* Von dem Platz aus bieten sich schöne Wanderungen in die Umgebung an.

km 180,1

Naturcamp an der Weser
(05733) 187 08
im Adressteil unter Vlotho

Der mit 52 Kilometern als ***Rundwanderweg*** ausgewiesene ***Kalletalpfad*** kann auch in Teilstrecken erwandert werden. Beispielweise eine ***Tagestour*** zum 400 Hektar großen ***Naturschutzgebiet Rotenberg, Bärenkopf, Habichtsberg und Wihupsberg*** mit seinen schönen Buchenwäldern.

Wir durchpaddeln nun den ***Großen Weserbogen,*** der uns zunächst unter der Eisenbahnbrücke hindurchführt. Die zwischen **Uffeln** und **Vlotho** die

km 180,5

km 183 Weser überspannende Straßenbrücke erscheint uns riesig. Davor kann man im ***ehemal. Weserhafen*** am Schwimmsteg festmachen, um durch eine Unterführung hindurch in das kleine Städtchen zu gehen.

Kaum zu glauben, dass vor **Vlotho**, das sich den Hang des Forellenbachtals hinaufzieht, einmal ein bedeutender Weserhafen war. *Im Jahre 1665 waren 48 Schiffer registriert, die ihre Schiffe weseraufwärts von 50 bis 150 Männern oder 15 Pferden treideln ließen. Für die Strecke von Bremen nach Hann. Münden brauchte man damals rund 30 Tage.*

Restaurant El Castillo - Burg Vlotho
(05733) 871 29 90
Di-So ab 12

Durch den kleinen Altstadtkern geht es in wenigen Minuten hinauf zur ***Burgruine*** auf dem ***Vlothoer Amtshausberg***. *Zur Kontrolle des Wesertals sowie der in Vlotho zusammenlaufenden Handelswege ließ Heinrich von Oldenburg die Burg 1250 erbauen.*

Der Blick vom Biergarten des *El Castillo* ins Wesertal ist unverändert schön.

km 185 -188 Das nun folgende Stück gen Norden ist wegen der ***Wasserskistrecke*** und den besonders an Wochenenden verkehrenden Motorbooten weniger idyllisch.

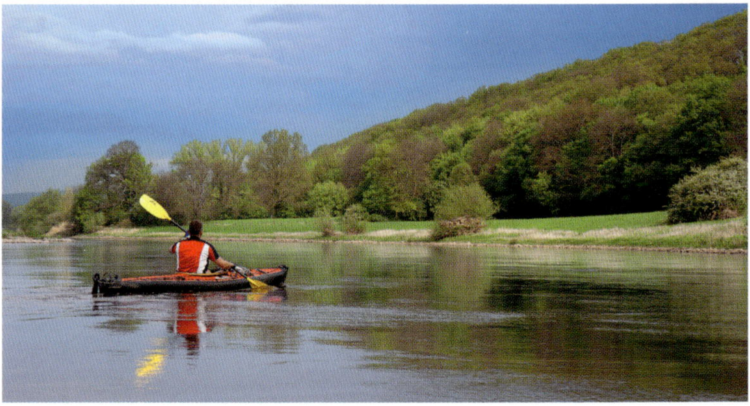

Das Wesertal weitet sich zusehends, bevor der Fluss bei Porta Westfalica in die Norddeutsche Tiefebene eintritt

Auf ***Gut Deesberg*** (linkes Ufer) werden Hanfdämmmaterial und andere Naturbaustoffe verkauft. Erste Nachweise über das Gut stammen aus dem 16. Jahrhundert. 1768 entstand dann eine Ziegelei.

km 185,4

Kurz vor den beiden Brücken der Autobahn kann in **Vössen** am rechten Ufer angelegt werden. 700 m in den Ort hinein liegt das ***Hotel-Restaurant „Weserschiffchen"*** mit seiner ambitionierten, österreichischen Küche, die schon zweimal mit dem ersten Platz im Schlemmerblock-Restaurantführer belohnt wurde.

km 187,4

Hotel-Restaurant Weserschiffchen
(05731) 755 09 80

Nur zwei Kilometer weiter lockt im Bad Oeynhauser Stadtteil **Rehme** das *Café & Bistro „Altes Fährhaus"*, von dessen Biergarten der Blick auf die Weser und das ***Kaiser-Wilhelm-Denkmal*** auf dem ***Wittekindsberg*** genossen werden kann.

km 189,4

Café & Bistro Altes Fährhaus
(05731) 300 59 88
Mi Ruhetag

Kurz darauf folgt die Anlegestelle der ***Personenfähre „Amanda"***. Das 1928 gebaute Schiff bietet von Mai bis Oktober Fußgängern und Radfahrern eine nette Alternative für die Weserquerung, die sonst über den Rad- und Fußgängerweg auf der Autobahnbrücke erfolgen muss.

km 189,8

WeserHütte
(05731) 254 80 08
Mi Ruhetag
Burger & Bowls im tollen Biergarten

Am rechtsufrigen ***„Weserbogen Südlicher See"*** befindet sich bei km 190 eine Anlegestelle. Hinter der Böschung verbirgt sich die ***Freizeitanlage „Großer Weserbogen"*** mit Naturseen, Sandstrand und Campingplatz. Hier könnte man sein Kanu in den Südlichen See überheben und nach telefonischer Anmeldung auf der tollen Anlage Station machen. Sie wäre auch Ausgangspunkt einer schönen 30 Kilometer langen *Radtour entlang der Werre* durch Bad Oeynhausen, Herford nach Bad Salzuflen.

km 190

Freizeitanlage Großer Weserbogen
(05731) 61 88
im Adressteil unter Porta Westfalica

An der Mündung der ***Werre*** erinnert ein ***Flößerdenkmal*** an die schwere, keinesfalls romantische Arbeit. *Der Transport auf der Straße war billiger, weshalb 1962 die Flößerei auf der Weser eingestellt*

km 190,3

wurde. Die ***Werre*** entspringt im Lipper Bergland und durchfließt die Kurstadt **Bad Oeynhausen** von West nach Ost. *Der **Jordansprudel**, eine der größten kohlensäurehaltigen Thermalsolequellen der Welt, ist Wahrzeichen der Stadt. Herzstück ist der Kurpark. Um 1851 angelegt, beherbergt er klassizistische und neobarocke Gebäude, die an glanzvolle Zeiten als Staatsbad erinnern. Weitaus moderner präsentieren sich das Energie-Forum-Innovation und das Ronald McDonald-Elternhaus der Kinderhilfe – beides Entwürfe des amerikan. Architekten Frank O. Gehry.*

km 191

In **Dehme** finden wir einen weiteren Schwimmsteg zum Anlegen. Links erhebt sich nun das ***Wiehengebirge***, rechts voraus der Höhenzug des ***Wesergebirges***. An der ***Westfälischen Pforte***, bei Porta Westfalica, schneidet sich die Weser ihr schmales Tal zwischen die beiden Gebirgszüge, um dahinter in die Norddeutsche Tiefebene zu fließen.

In nordöstliche Richtung verläuft der ***Große Weserbogen*** auf **Porta Westfalica** zu.

km 192,7 - 194

km 198

Wir passieren eine ***Jetski-Strecke*** und nach weiteren vier Kilometern finden wir 500 Meter hinter der großen Straßenbrücke links einen ***Schwimmsteg*** kurz hinter der *Weser Blue Bar* am Strand.

Von hier kann man gut zum nahen ***Kaiser-Wilhelm-Denkmal*** auf den ***Wittekindsberg*** hinauflaufen. Vom 88 Meter hohen Denkmal verläuft auf dem Kamm des ***Wiehengebirges*** der 90 km lange ***„Wittekindsweg“*** bis nach Osnabrück.

Gasthaus Zur Alten Fähre
(0571) 385 22 69

WSV Porta
(0571) 751 21

Im *Gasthaus „Zur Alten Fähre“*, nur wenige Schritte vom Wasser, kann übernachtet werden, alternativ am gegenüberliegenden Ufer auf dem Vereinsgelände des *WSV Porta*. Von dort sind es nur wenige Minuten bis zum Bahnhof von **Porta Westfalica**.

km 198,4

Vorbei am ***Pegelturm*** unterqueren wir erst die Eisenbahnbrücke, dann die Brücke der Bundesstra-

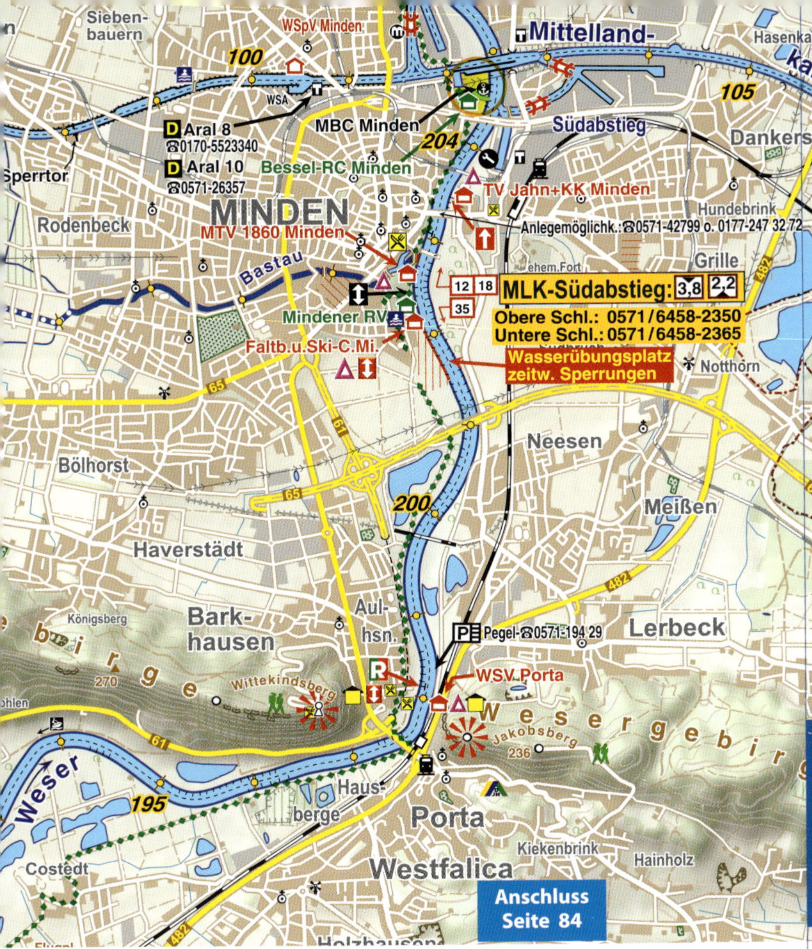

ße südlich von **Minden**. Der am linken Ufer folgende ***Wasserübungsplatz*** sorgt zeitweise für Sperrungen des Flusses.

km 201,3 - km 202,1

In Minden finden wir dann diverse Wassersportvereine, die alle Schwimmstege zum Anlegen haben. Der *Faltboot- und Skiclub Minden* ist DKV-Kanustation (Schwimmbad nebenan) und bietet die Möglichkeit, sein Zelt auf der Wiese aufzubauen oder auf der Luftmatratze im Clubhaus zu übernachten.

km 202,2

Faltboot- und Skiclub Minden
(0571) 211 44
Mi 16.30-21

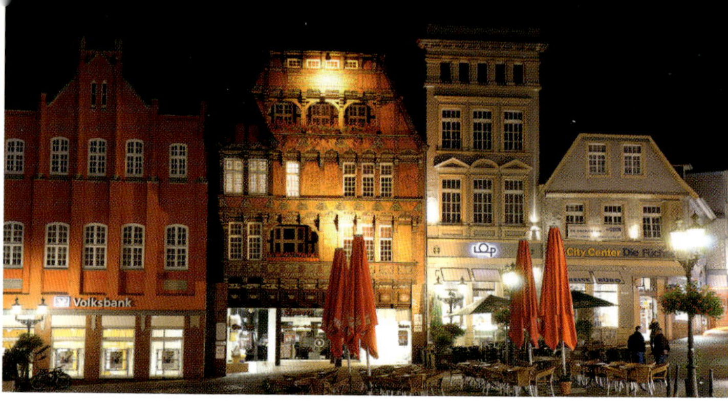

Nächtlicher Blick vom Marktplatz Minden auf das Schmiedingsche Haus

km 202,5

Schiffmühle Gastronomie
(0571) 398 02 80

Entlang der ***Uferpromenade „Weserglacis"*** kommen wir zur ***Schiffmühle*** *(Restaurant, Biergarten)*, die am linken Weserufer vertäut liegt.

Im 14. Jh. verpachtete Minden sechs Liegeplätze für Schiffmühlen auf der Weser, im 17. Jh. lagen gar zwölf Mühlen im Schutze der Stadtmauer nebeneinander. In Minden verschwanden jedoch, wie in vielen anderen Städten, die Schiffmühlen nach und nach wieder. Diejenigen, die kriegerische Handlungen überstanden, mussten spätestens der wachsenden Dampfschifffahrt weichen. Sie versperrten schlichtweg den Weg.

km 202,6

SV 1860 Minden
(0571) 238 85

Direkt hinter der Schiffmühle liegt vor der Mündung der ***Bastau*** der Schwimmsteg des ***SV 1860 Minden***. Auf dem schönen Gelände kann mit Blick auf die Schiffmühle gezeltet werden. Nur wenige Minuten sind es in die sehenswerte Altstadt.

km 203,5

Kanu-Klub Minden
(0571) 508 53 42

Hinter der Fußgänger- und der folgenden Straßenbrücke kann am rechten Ufer beim ***Kanu-Klub Minden*** gezeltet oder die Isomatte im Clubhaus ausgebreitet werden. Gerade mal zehn Minuten Fußweg sind es von hier zum Bahnhof.

Wer nach 203 Kilometern auf der Oberweser auf den Geschmack gekommen ist, hat auf Mittel- und Unterweser noch viele Kilometer Paddelstrecke vor sich.

Blick auf Minden

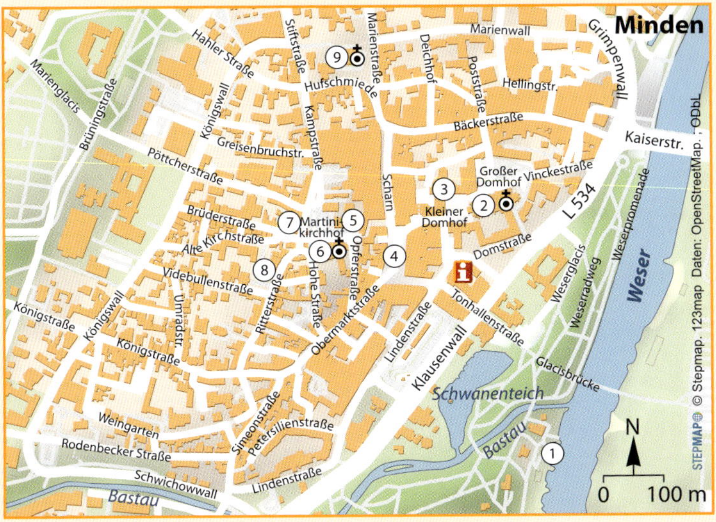

Der Dom mit seinem schweren romanischen Westwerk, 799 von Karl dem Großen gegründet und im 13. Jahrhundert weitgehend neu errichtet, soll einer der schönsten Deutschlands sein. Daneben reihen sich beim ältesten Rathaus Westfalens mit seiner gotischen Laube einige repräsentative Bürgerhäuser um den Markt. Durch die Gassen der oberen Altstadt kommt man vorbei an der St. Martinikirche (1029) und dem Mindener Museum.

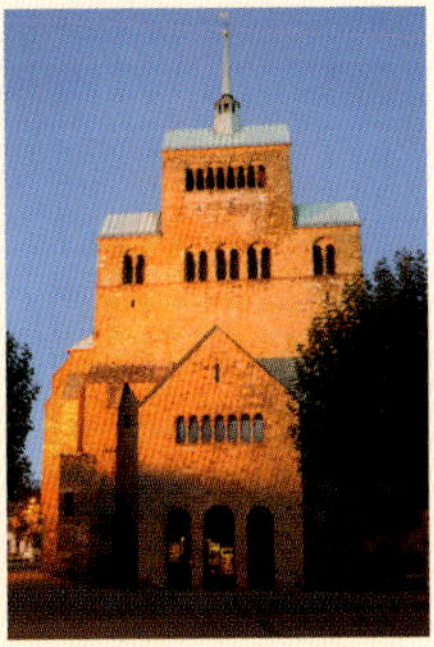

① ***Schiffmühle***
② ***Dom St. Petrus und Gorgonius*** (13. Jh.)
③ ***Rathaus*** mit Laubengang aus dem 13. Jh.
④ ***Marktplatz mit Schmiedingschem Haus***
⑤ ***Proviant-Magazin*** (1838 als Teil der Festung Minden erbaut)
⑥ ***Martini-Kirche*** (1029 im röm.-got. Stil erbaut)
⑦ ***„Alte Münze“,*** ältestes Steinhaus Westfalens von 1260
⑧ ***Mindener Museum mit Kaffeemuseum***
⑨ ***St.-Marien-Kirche*** (1022), got. Hallenkirche

Minden Marketing, Domstraße 2, Tel. (0571) 829 06 59, www.minden-erleben.de

Übernachtung in Wassernähe *(alphabetisch nach Ortsnamen +PLZ)*

Die Übernachtungsmöglichkeiten an der Weser sind unglaublich vielfältig, weshalb hier nur eine Auswahl genannt werden kann. Es gibt zahlreiche Campingplätze, Pensionen und Hotels direkt am Fluss. Die großen „Gelbe Welle"- Schilder zeigen Paddlern, wo sie herzlich willkommen sind. Da viele Anbieter an der Weser auf Fahrradtouristen eingestellt sind, ist häufig das Unterstellen von Kanus auch kein Problem.

Albaxen (OT von 37671 Höxter)

Tonenburg (Hotel & Zeltwiese), Tonenburg, Tel. (05271) 92 11 82, www.tonenburg.de

Bad Karlshafen (34385)

Campingplatz, Am Rechten Weserufer 2, Tel. (05672) 710, www.campingplatz-bad-karlshafen.de

Hotel & Restaurant „Zum Weserdampfschiff", Weserstraße 25, Tel. (05672) 24 25, www.zumweserdampfschiff.de

Pension am Reinhardswald, Mündenerstr. 46, Tel. (05672) 25 51, www.aktiv-pension.net

Beverungen (37688)

WSV, Hersteller Str. 51, Tel. (05273) 53 35, wsv-beverungen.de

Campingplatz Yachthafen Dreiländereck, Grüner Weg 14, Tel. (05273) 218 36 oder 0172-848 68 90, www.yachthafen-dreilaendereck.de

Hotel Kuhn, Weserstraße 27, Tel. (05273) 13 53, www.hotel-weser.de

Blankenau (OT von 37688 Beverungen)

Landhotel Weserblick, Kasseler Straße 2, Tel. (05273) 36 22-0, www.landhotel-weserblick.de

Bodenwerder (37619)

Campingplatz „Himmelspforte", Ziegeleiweg 1, Tel. (05533) 49 38 www.camping-weserbergland.de

Ruderverein Bodenwerder, Linser Straße 14, nur Online-Anmeldung, www.ruderverein-bodenwerder.de

Hotel-Restaurant „Goldener Anker", Brückenstr. 5a, Tel. (05533) 40 07 30, www.goldeneranker.com

Hotel-Restaurant „Weserstuben", Homburgstraße 59, Tel. (05533) 96 30 10, www.hotel-weserstuben.de

Borlefzen (OT von 32602 Vlotho)

Campingparadies „Sonnenwiese", Borlefzen 1, Tel. (05733) 82 17, www.sonnenwiese.com

Familienfreizeitplatz Borlefzen, Borlefzen 2, Tel. (05733) 800 08, www.borlefzen.de

Bursfelde (OT von 34346 Hann. Münden)

Hotel-Restaurant-Café „Klostermühle“, Klosterhof 24, Tel. (05544) 898 99 98, www.klostermuehle-bursfelde.de

Kloster Bursfelde, Klosterhof 5, (05544) 16 88, www.kloster-bursfelde.de

Glashütte (zugehörig zu 34346 Hann. Münden)

Zeltplatz Bramwald (naturbelassener Zeltplatz, frühzeitige Anmeldung), Bramburgerstr. 4, Tel. (05544) 72 11 & 0162-136 19 66

Corvey (OT von 37671 Höxter)

„Weser Aktivhotel Corvey“ (Biwak/Zimmer), Corvey 10, Tel. (05271) 694 68 66, www.weser-aktivhotel-corvey.de

Daspe (OT von 37619 Hehlen)

Hotel Garni Flower Power, Am Weserufer 8, Tel. (05533) 93 47 01, www.hotel-flower-power.de

Erder (OT von 32689 Kalletal)

Julianna Campingplatz Kalletal, An der Weser 7a, Tel. 0160-747 70 87, www.campingplatz-weser-kalletal.de

Westfälischer MotoryachtclubDortmund (WMYC), An der Weser 49, Tel. 0171-676 49 81, www.wmyc.de

Grave (37647)

Campingplatz Fam. Stapel, Hauptstraße 1, Tel. (05535) 363, 0160-156 92 25

Gieselwerder (OT von 34399 Wesertal)

Campingplatz Gieselwerder, In der Klappe 21, Tel. (05572) 76 11 oder 0151-70 91 95 50, www.camping-gieselwerder.de

Pension Schweinberger, In der Klappe 9, Tel. (05572) 74 67, www.pension-schweinberger.de

Grohnde (OT von 31860 Emmerthal)

„Grohnder Fährhaus" (Zimmer und Camping), Grohnder Fähre 1, Tel. (05155) 380, www.grohnder-faehrhaus.de

Großenwieden (OT von 31840 Hessisch Oldendorf)

Biwak am Fähranleger oder Gästezimmer, Familie Klostermann, Hintere Straße 5, Tel. (05152) 25 96, www.hof-klostermann.de

OT Gimte (OT von 34346 Hann. Münden)

Haus Froschkönig, Berliner Str. 119, Tel. (05441) 701 97 90, www.fewo-froschkoenig.de

Hann. Münden (34346)

Campingplatz, Tanzwerder 1, Tel. (05541) 122 57, www.camping-und-kanu.de

Gasthaus Weserstein, Tanzwerder 5-7, Tel. (05441) 725 59, www.gasthaus-weserstein.de

Hotel Im Anker (in der histor. Altstadt), Bremer Schlagd 18, Tel. (05541) 90 36 92, www.hotel-im-anker.de

Jugendherberge, Prof.-Oelkers-Straße 10, Tel. (05441) 88 53, www.hann-muenden.jugendherberge.de

Hajen (OT von 31860 Emmerthal)

Müllers Hof, Niependoor 2, Tel. (05157) 239, www.muellers-hof.de

Gasthaus Zum Ruhberg, Am Ruhberg 1, Tel. (05155) 14 24 www.gasthaus-zum-ruhberg.de

Hameln (31789)

Wirtshaus Tündernsche Warte, Tündernsche Warte 1, Tel. (05151) 92 47 04, www.tuendernsche-warte.de

Ruderverein Weser-Hameln, Tündernsche Warte 3, Tel. (05151) 423 69, www.rvweser.de

Kanu-Club Hameln (Camping), An der Hafenspitze, Tel. (05151) 40 81 31, www.kanu-club-hameln.de

Hotel Stadt Hameln, Münsterwall 2, Tel. (05151) 90 10, www.hotel-stadthameln.de

Campingplatz Hameln, Uferstraße 80, Tel. 01512-400 06 64, www.campingplatz-hameln.de

Jugendherberge, Fischbecker Straße 33, Tel. (05151) 34 25, www.hameln.jugendherberge.de

Heinsen (37649)

Weserbergland-Camping, Weserstr. 66, Tel. (05535) 87 33, www.weserbergland-camping.de

Hemeln (OT von 34346 Hann. Münden)

Wesercamping, Unterdorf 34, Tel. (05544) 14 14, www.wesercamping.de

Herstelle (OT von 37688 Beverungen)

Gasthaus zur Fähre, Fährstr. 5, Tel. (05273) 74 84, www.gasthaus-zur-faehre.de

Holzminden (37603)

Campingplatz „Mobilcamping“, Stahler Ufer 16, Tel. (05531) 99 09 65, www.mobilcamping.de

Weserhotel Schwager, Steinhof 2, Tel. (05531) 70 17 00, www.weserhotel-schwager.de

Kanu-Klub Holzminden, Stahler Ufer, Tel. (05531) 990 93 82, www.kanu-club-holzminden.de

Ruder-Club Holzminden e.V., Wasserübungsplatz 8, Tel. 01520-403 83 96, www.ruderclub-holzminden.de

Höxter (37671)

Wesercamping Höxter, Sportzentrum 4, Tel. (05271) 25 89, www.campingplatz-hoexter.de

Wassersportverein Höxter, Sportzentrum 5, Tel. (05271) 21 64, www.wassersport-hoexter.de

Ruderverein Höxter (Hausmeister Lutz Tille), Sportzentrum 18, Tel. 0162-757 65 41, www.ruderverein-hoexter.de

Flair Hotel Stadt Höxter, Uferstr. 4, Tel. (05271) 697 90, www.hotel-stadt-hoexter.de

Weser Aktivhotel Corvey, *(Biwak/Zimmer),* Corvey 1, Tel. (05271) 694 68 69, www.weser-aktivhotel-corvey.de

Latferde (OT von 31860 Emmerthal)

Pension Strüver, Hajener Str. 8, Tel. (05155) 970 20, www.pensionstruever.de

Lippoldsberg (OT von 34399 Wesertal)

Landhotel „Zum Anker“, Weserstr. 14, Tel. (05572) 18 73, www.landhotel-zum-anker.de

Minden (32423)

Faltboot- & Skiclub Minden, Weserpromenade 8, Tel. (0571) 211 44 *(Mi 16.30-21),* www.fsm-minden.de

SV 1860 Minden, Weserpromenade 26, Tel. (0571) 238 85, www.sv1860minden.de

Kanu-Klub Minden, Brückenkopf 12, Tel. (0571) 508 53 42, www.kanu-klub-minden.de

Oedelsheim (OT von 34399 Wesertal)

Campen am Fluss, Am Hallenbad 3, Tel. (05574) 94 57 80, www.campen-am-fluss.de

Polle (37647)

Hotel zur Burg, Amtsstr. 10, Tel. (05535) 951 91 75, www.culturehotels.de

Porta Westfalica (32457)

Campingplatz „Großer Weserbogen“, Zum Südlichen See 1, Tel. (05731) 61 88, www.grosserweserbogen.de

Wassersportverein Porta, An der Pforte 1a, Tel. (0571) 751 21, www.facebook.com/wsvporta

Gasthaus „Zur Alten Fähre“, Fährstr. 25, Tel. (0571) 385 22 69, www.zuraltenfähre.de

Rinteln (31737)

Rintelner Kanu-Club (zelten oder Dachboden), Am Weseranger 21, Tel. (05751) 64 27, www.rkc-rinteln.de

Hotel Brückentor, Pferdemarkt 14, Tel. (05751) 953 80, www.hotelbrueckentor.de

Camping- und Freizeitpark Doktorsee, Am Doktorsee 8, Tel. (05751) 96 48 60, www.doktorsee.de

WSV Rinteln (zelten oder Clubheim), Am Doktorsee 18, Tel. (05751) 438 34 oder (05722) 213 10, www.wsv-rinteln.de

Rühle (OT von 37619 Bodenwerder)

Campingplatz Rühler Schweiz, Im Großen Tal, Tel. (05533) 24 86 oder 28 27, www.brader-ruehler-schweiz.de

Veckerhagen (OT von 34359 Reinhardshagen)

Hotel Peter, Untere Weserstr. 2, Tel. (05544) 10 38, www.weigands-hotel-peter.de

Vlotho (32602)

Naturcamp an der Weser (vor Vlotho nahe Mündung d. Kalle), Weserstr. 110, Tel. (05733) 187 08, www.anderweser.de

Vössen (OT von 32457 Porta Westfalica)

Hotel-Restaurant „Weserschiffchen“, Unterloh 62, Tel. (05731) 755 09 80, www.weserschiffchen.de

Wahmbeck (OT von 37194 Bodenfelde)

Hostel WeserWiese Wahmbeck, Weserstr. 22, Tel. (05572) 337 08 49, www.weserwiesewahmbeck.de

Siecks Scheune, Lange Dorfstr. 8, Tel. (05572) 92 15 92, www.siecks-scheune.de

Wehrden (OT von 37688 Beverungen)

Pension zum Mönchsgarten, Mönchsgarten 2, Tel. (05273) 360 36, www.pension-moenchsgarten.com

Weißehütte (OT von 34399 Wesertal)

Campingplatz Weißehütte, Weißehütte 1, Tel. (05574) 998 99 94 und 01525-755 15 98, www.weissehuette.com

Gasthaus „Zum Lindenwirt“, Weißehütte 14, Tel. (05574) 402, www.gasthauszumlindenwirt.de

Würgassen (OT von 37688 Beverungen)

Landhotel Alte Linde, Würrigser Str. 4, Tel. (05273) 37 51 40, www.alte-linde.de

Kanuvermieter

Bad Münder am Deister (31848)

Kanu Wasser Wander Service, Zum Mühlensiek 13, Tel. (05042) 74 70, www.paddeltouren.de

Bad Salzuflen (32108)

Rio Negro Kanu- und Outdoorevents, Ladestr. 6, Tel. (05222) 850 96 00, www.rionegro.de

Corvey (37671 Höxter)

Krome Kanu, Corvey 1, Tel. (05271) 694 68 66, www.krome-kanu.de

Erder (OT von 32689 Kalletal)

Julianna Campingplatz Kalletal (Kanu-Vermietung ab 2022), An der Weser 7a, Tel. 0160-747 70 87, www.campingplatz-weser-kalletal.de

Grohnde (OT von 31860 Emmerthal)

„KanuSpass" an der Grohnder Fähre, Tel. 01577-437 71 96, 0170-773 03 42, www.kanuspass-weser.de

Großenwieden (OT von 31840 Hessisch Oldendorf)

Growi Kanu, Hintere Str. 32, Tel. 0174-995 39 26, www.growi-kanu.de

Hann. Münden (34346)

Kanu Schumacher (Campingplatz), Tanzwerder 1, Tel. (05675) 72 59 05, www.kanu-hannmuenden.de

Hameln (31789)

Kompass-Touristik Hameln e.V., Tönebönweg 8, Tel. (05151) 262 23, 01511-727 58 74 www.kanu-hameln.de

Heyen (37619)

Weser-Erlebnis, Esperder Str. 1, Tel. (05533) 40 84 64, www.weser-erlebnis.de

Minden (32425)

Die Bootschaft, Nordstr. 33, Tel. 0179-860 86 98, www.diebootschaft.de

Fahrradvermieter

Bad Karlshafen (34385)

Fahrradvermietung Weserbergland, An der Saline 4, Tel. 0176-39 74 06 76, www.fahrradvermietung-weserbergland.de

Bodenwerder (37619)

Radtouristik Weserbergland, Homburgstr. 52, Tel. (05533) 97 97 28, www.radtouristik-weserbergland.de

Hameln (31785)

Fahrradverleih easy bike rent, Neuetorstr. 9, Tel. (05151) 406 14 88

Höxter (37671)

Zweirad Sommer (auch E-Bikes), Corbiestr. 17-19, Tel. (05271) 334 90, www.zweirad-sommer.de

Minden (32423)

Radstation Minden, Am Bahnhof 12, Tel. (0571) 972 57 05, www.radstation-nrw.de

Heyen (37619) zwischen Hann. Münden und Rinteln

Weser-Erlebnis, Esperder Str. 1, Tel. (05533) 40 84 64, www.weser-erlebnis.de

Sehenswürdigkeiten

Bad Karlshafen (34385)

Weser-Therme, Kurpromenade 1, Tel. (05672) 92 110, *tgl. 9-22, Fr+Sa 9-23,* ab ca. 14 €, www.wesertherme.de

Deutsches Hugenotten-Museum, Hafenplatz 9a, Tel. (05672) 14 10, *Di-Fr 10-17, Sa-So 11-18,* ca. 4,50 €, www.hugenottenmuseum.de

Museum Helmarshausen, Poststr. 40, Tel. (05672) 789, *Mi 10-12, Sa-So 11-18* und *Krukenburg*, Tel. (05672) 777, *tgl. 10-18,* www.heimatverein-helmarshausen.de

Bad Oyenhausen (32545)

Deutsches Märchen- und Wesersagenmuseum, Am Kurpark 3, Tel. (05731) 14-34 10, Mi-So 10-12 und 14-17, ca. 2 €, www.badoeynhausen.de

Bodenwerder (37619)

Münchhausen-Museum Bodenwerder, Münchhausenplatz 1, Tel. (05533) 40 91 47, *Mitte Mai-Okt, tgl. 10-17, sonst nach Vereinbarung,* Eintritt ca. 3 €, www.muenchhausen-museum-bodenwerder.de

Bursfelde (OT von 34346 Hann. Münden)

Geistliches Zentrum Kloster Bursfelde, auch Pilgerherberge, Klosterhof 5, Tel. (05544) 16 88, www.kloster-bursfelde.de

Corvey (OT von 37671 Höxter)

Schloss Corvey, Tel. (05271) 681 68, *Osterferien-Okt tgl. 10-18,* Eintritt ca. 11 €, www.schloss-corvey.de

Emmerthal (31860)

Schloss Hämelschenburg, Schlossstr. 1, Tel. (05155) 95 16 90, *Führungen stdl. von Di-Fr 12-15, Sa & So 11-16,* www.schloss-haemelschenburg.de

Fürstenberg (37699)

Porzellanmuseum Schloss Fürstenberg, Meinbrexener Str. 2, Tel. (05271) 40 10, *Feb-Dez, Di-So 10-17,* Eintritt ca. 8,50 €, www.fuerstenberg-porzellan.com

Gieselwerder (OT von 34399 Wesertal)

Schiffermuseum, In der Klappe 11, Tel. (05572) 500, *Mai-Sep, So 14-17,* Eintritt frei, www.schiffermuseum.de

Hagenohsen (OT von 31860 Emmerthal)

Dokumentations- und Lernort Bückeberg, Open Air Gelände, frei zugänglich, www.bueckeberg-ggmbh.de www.dokumentation-bueckeberg.de

Hann. Münden (34346)

Erlebnisführungen durch Hann. Münden, Infos beim Hann. Münden Marketing, Tel. (05541) 75 313 oder 75 343, www.hann.muenden-erlebnisregion.de

Städtisches Museum im Welfenschloss, Schlossplatz 5, Tel. (05541) 753 48, *Mai-Okt Mi-So 11-16, Nov-Dez + Apr Mi-So 13-16,* www.hann.muenden.de/museum

Welfenschloss, Schlossplatz 10, Tel. (05541) 753 13, die historischen Gemächer sind nur während einer Stadtführung zugänglich, *Mai-Okt Freitag 14.30*

Tillyschanze (Waldbiergarten, Turmmuseum im Umbau), Bierweg 1, Tel. (05541)18 90, *Di-So 11-18,* www.tillyschanze.de

Heinsen (37649)

Heimat- & Schifffahrtsmuseum, Weserstr. 22, Tel. (05535) 604 od. 343, *Mai-Sep So 15-16*

Hessisch Oldendorf (31840)

Stift Fischbeck, Im Stift 6 a, Tel. (05152) 86 03, *Stiftskirche von Ostern bis Ende Oktober täglich offen,* www.stift-fischbeck.de

Holzminden (37603)

Escape Room im Bergwerk (Abenteuer unter Tage), Fürstenberger Straße 7, Tel. (0521) 32 99 20 20, www.bergwerk-adventure.de

Waldseilgarten „TreeRock", Schießhäuser Str. 8, neben Jugendherberge Silberborn, *Osterferien bis Herbstferien,* Tel. (0521) 329 920 20, www.schattenspringer.de

Lippoldsberg (OT von 34399 Wesertal)

Museum & Werkstatt Schäferhaus, Schäferhof 22, Tel. (05572) 15 34, *Mai-Okt, So 15-17*

Minden(32423)

Schiffmühle Minden, Weserpromenade 24, Tel. (0571) 405 005 15, *Apr-Okt, Di-So 11-18,* www.schiffmuehle.de

Mindener Museum, Ritterstr. 23-33, Tel. (0571) 972 40 10, *Di-So 12-18,* Eintritt ca. 4 €, www.mindener-museum.de

Wesertal-Oedelsheim (34399)

Dorfmuseum und Eco Pfad, Göttinger Str. 8, Tel. (05574) 307, *Mai-Okt, So 15-17,* www.verkehrsverein-oedelsheim.de

Auskunft & Tourist- Infos

Bad Karlshafen (34385)

Tourist-Info, Weserstr. 19, Tel. (05672) 922 61 40, www.bad-karlshafen-tourismus.de

Bodenwerder (37619)

Tourist-Info, Münchhausenplatz 1, Tel. (05533) 405 41, www.muenchhausenland.de

Hann. Münden (34346)

Hann. Münden Marketing, Lotzestraße 2, Tel. (05541) 753 13, www.hann.muenden-erlebnisregion.de

Hameln (31785)

Weserbergland Tourismus, Deisterallee 1, Tel. (05151) 930 00, www.weserbergland-tourismus.de

Hameln Marketing und Tourismus, Deisterallee 1, Tel. (05151) 95 78 23, www.hameln.de/erlebnisse

Holzminden (37603)

Stadtmarketing Holzminden, Markt 2, Tel. (05531) 99 29 60, www.stadtmarketing-holzminden.de

Höxter (37671)

Tourist-Info, Weserstr. 11, Tel. (05271) 963 42 42, www.hoexter-tourismus.de

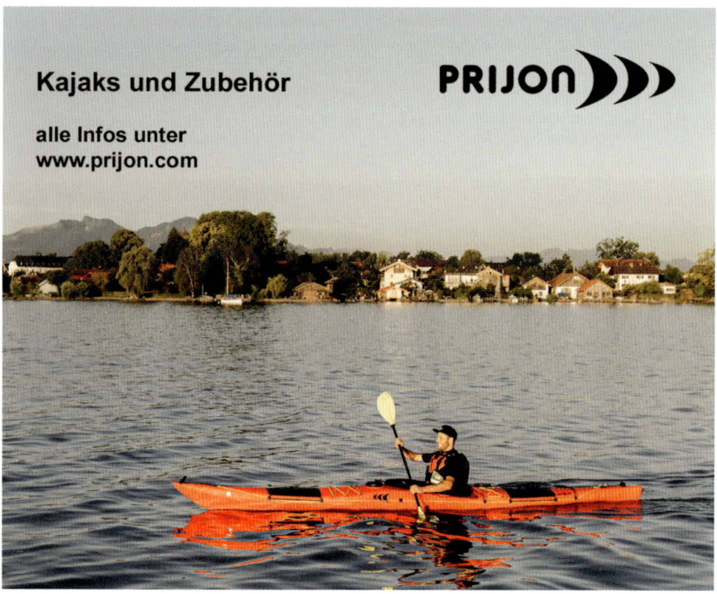

Minden (32423)

Minden Marketing, Domstraße 2, Tel. (0571) 829 06 59, www.minden-erleben.de

Oberweser (Gemeinde 34399 Wesertal)

Gemeinde Wesertal, In der Klappe 1a, Tel. (05572) 937 30, www.oberweser.gemeinde-wesertal.de

Reinhardshagen, Vaake, Veckerhagen (34359)

Gemeindeverwaltung Reinhardshagen, Amtsstr. 10, Tel. (05544) 95 07-0, www.reinhardshagen.de/freizeit-tourimus

Rinteln (31737)

Tourist-Info, Marktplatz 7, Tel. (05751) 40 39 80, www.westliches-weserbergland.de

Vlotho (32602)

Vlotho Marketing, Lange Str. 111, Tel. (05733) 88 11 88, www.vlotho.de

Kanu-Verbände

Deutscher Kanu-Verband, Bertaallee 8, 47055 Dusiburg, Tel. (0203) 99 75 90, www.kanu-de

Bundesverband Kanu e.V. (BVKanu), Gunther-Plüschow-Str. 8, 50829 Köln, Tel. (0221) 59 57 10, www.bvkanu.de

Paddel-Zeitschriften

kajak-Magazin, Tel. (07221) 95 210, www.kajak-magazin.com

KANUmagazin, Tel. (089) 55 24 10, www.kanumagazin.de

Literatur- & Karten-Tipps zur Weser

Reiseführer **111 Orte im Weserbergland, die man gesehen haben muss,** *emons Verlag.*

Lieblingsplätze zum Entdecken **„Weserbergland“,** *GMEINER-Verlag.*

Glücksorte im Weserbergland: Fahr hin & werd glücklich, *Droste Verlag.*

DuMont Bildatlas **Weserbergland,** *DUMONT Reiseverlag.*

Reiseführer **Das Weserbergland erleben,** *Verlag Jörg Mitzkat.*

Sagen aus dem Weserbergland. Fantastische Geschichten von Geistern, Teufeln und Dämonen“, *Sutton Verlag.*

Weserbergland Krimis und weitere **Weserbergland-Bücher,** *CW Niemeyer Buchverlage.*

Kriminalroman **„Weserstrudel“,** Günter von Lonski, *GMEINER-Verlag.*

66 Wandertouren mit GPS-Tracks, **Weserbergland: Von Hann. Münden bis Porta Westfalica – mit Weserbergland-Weg.** *Bergverlag Rother.*

bikeline **„Weser-Radweg: Hann. Münden – Cuxhaven“,** Radtourenbuch mit Karten 1:50.000, *Verlag Esterbauer., Esterbauer Verlag.*

ADFC-Regionalkarte **Weserbergland,** 1:75.000, *BVA Bike Media.*

Wasserwanderer TourenAtlas **TA 4 Oberweser – Leine mit Quell- & Nebenflüssen,** Maßstab 1:75.000 / 1:25.000, wasserfest, *Jübermann Verlag.*

KANU KOMPAKT Werra von Themar nach Hann. Münden, Kanutourenführer mit Wasserwanderkarten, *Thomas Kettler Verlag*

Der Autor

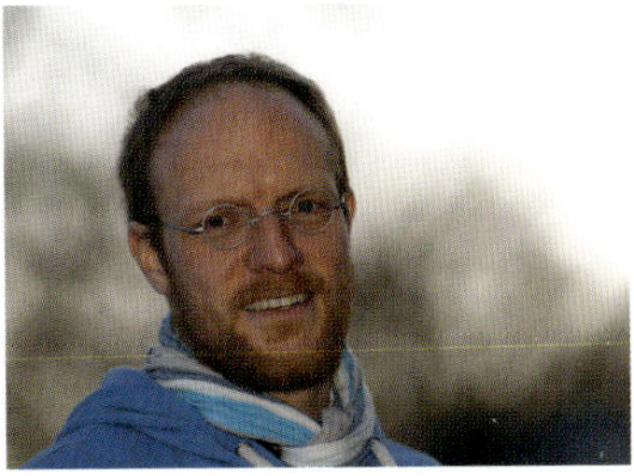

Stefan Schorr
Der freie Fotograf und Journalist veröffentlicht in Wassersportmagazinen wie Yacht, Kanumagazin oder Segeljournal und fotografiert für Firmen und Organisationen. Er lebt mit seiner Familie in Bremen. Weitere Informationen zu seiner Arbeit unter: www.stefanschorr.de

Der Kartograf

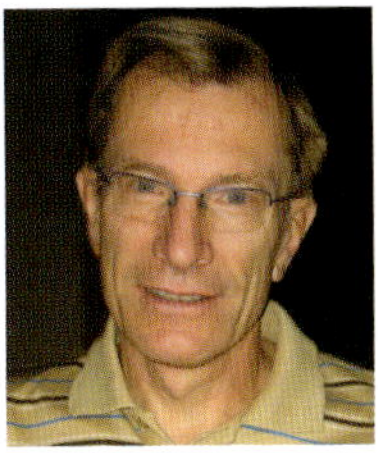

Jübermann - Kartographie und Verlag hat sich auf die Herstellung von Gewässerkarten für Wassersportler spezialisiert. Alle Karten, meist im Maßstab 1:100.000 und größer, sind in Bezug auf die Gewässer bzw. Wassersportinhalte im Gelände komplett überprüft. Jeder dargestellte Gewässer-km ist auch per Boot kontrolliert worden. Hier sind keine Schreibtischtäter am Werk, sondern passionierte Wassersportler (Erhard Jübermann z. B. mit ca. 60.000 gepaddelten km), die all ihre Erfahrung weitergeben www.juebermann.de

Die Buchreihe SUP-GUIDE

SUP GUIDE

Die schönsten SUP-Spots + die besten EINKEHRTIPPS

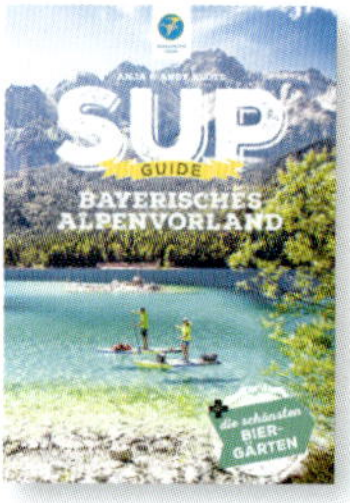

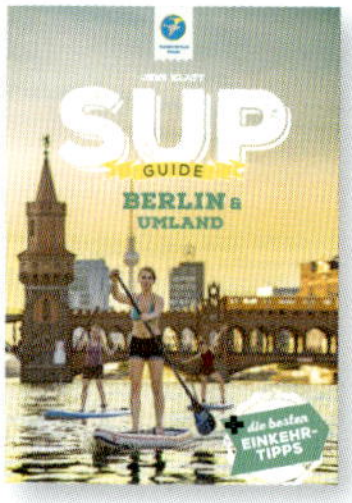

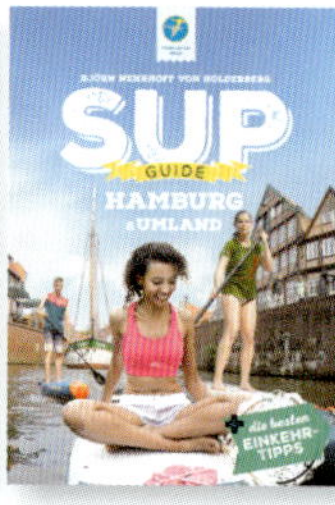

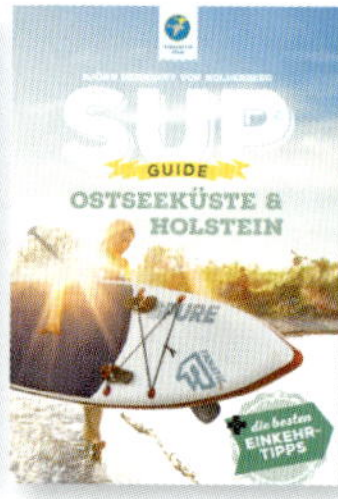

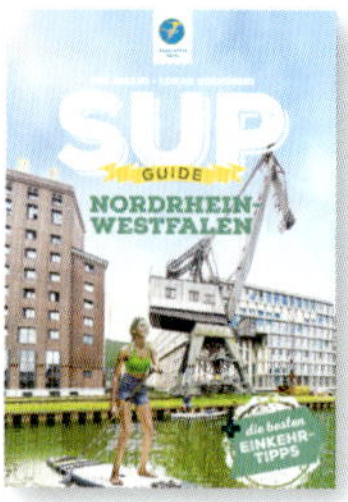

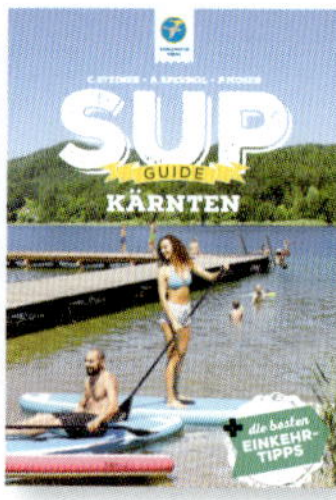

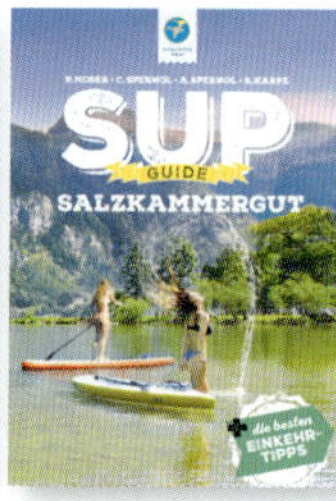

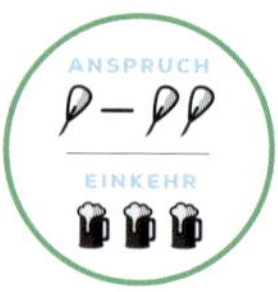

Icons zur Einschätzung „Anspruch & Einkehr" zu jeder Tour

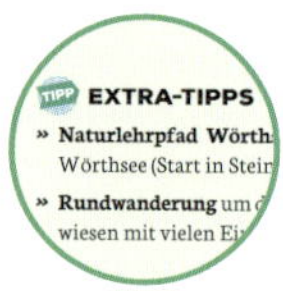

Extra-Tipps & Sehenswertes zur Tour

- Jede Tourenbeschreibung mit detaillierter Karte und besonderen Einkehrtipps
- Tourenvorschläge für Anfänger und Fortgeschrittene mit Länge und Dauer
- Infos zur Anreise mit ÖPNV und dem PKW mit Parkmöglichkeiten
- Charakter des Gewässers, Baden, Wind & Wetter, Befahrungsregeln
- Adressen zu SUP-Vermietern, Übernachtungsmöglichkeiten und Einkehrtipps
- Sehenswertes am Gewässer und „rundum" aktiv
- Technik & Paddelschläge für Einsteiger
- Basics zum Stand-Up Paddling

Weitere Bücher aus dem Verlag

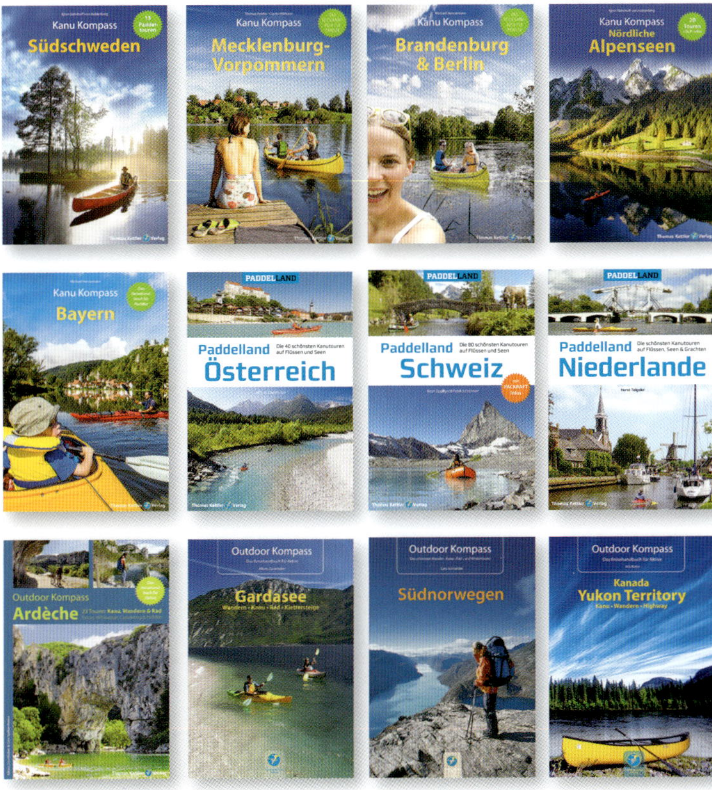

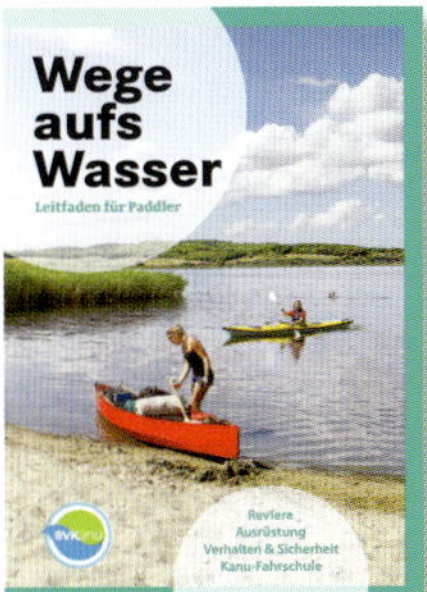

„Wege aufs Wasser"

Leitfaden für Paddler

Auf 68 Seiten erhält der Paddel-Einsteiger alle nötigen Infos zu Ausrüstung, Verhalten & Sicherheit, eine kleine „Paddel-Fahrschule" und eine Übersicht über Paddel-Reviere in ganz Deutschland sowie bei unseren europäischen Nachbarn.

Fordern Sie die kostenlose Broschüre bei uns im Verlag unter dem Stichwort „Wege aufs Wasser" an!
www.kanu-buch.de

Mehr Bücher aus der Reihe KANU KOMPAKT

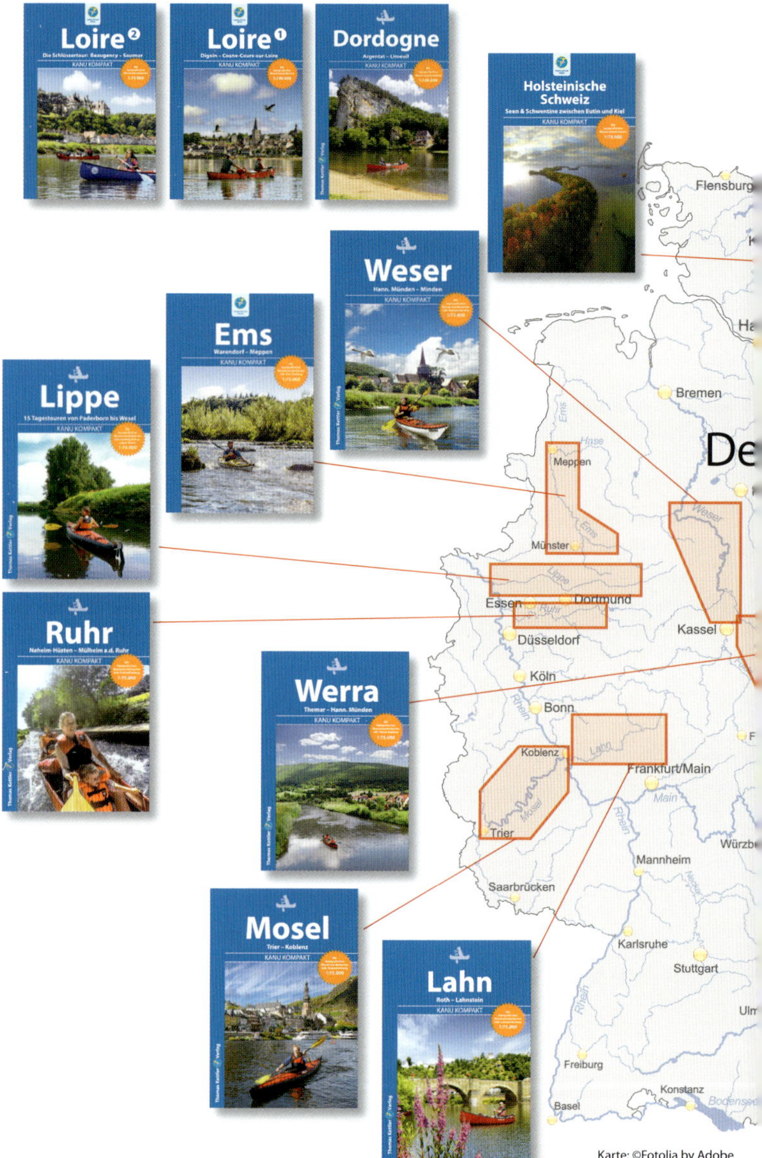

Karte: ©Fotolia by Adobe

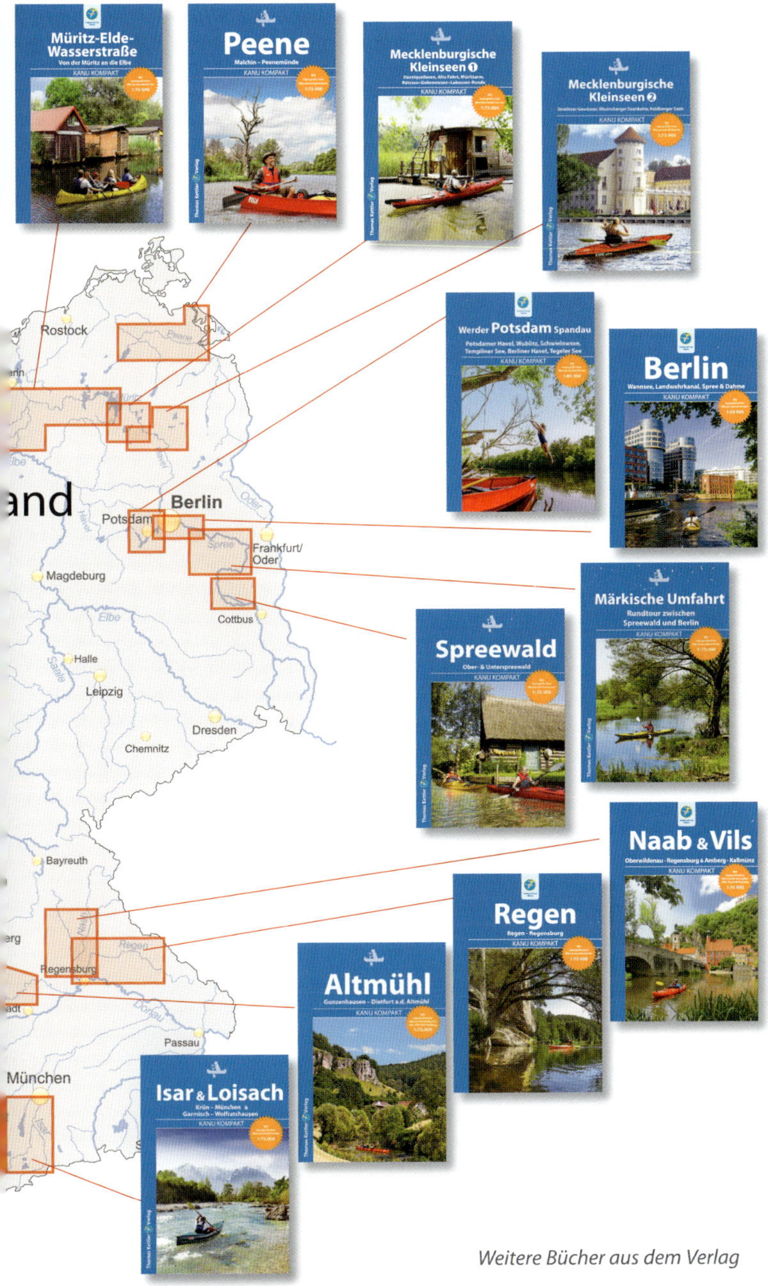

Müritz-Elde-Wasserstraße
Von der Müritz an die Elbe
KANU KOMPAKT
Peene
Malchin – Peenemünde
KANU KOMPAKT
Mecklenburgische Kleinseen 1
KANU KOMPAKT
Mecklenburgische Kleinseen 2
KANU KOMPAKT
Werder Potsdam Spandau
Potsdamer Havel, Wublitz, Schwielowsee, Templiner See, Berliner Havel, Tegeler See
KANU KOMPAKT
Berlin
Wannsee, Landwehrkanal, Spree & Dahme
KANU KOMPAKT
Märkische Umfahrt
Rundtour zwischen Spreewald und Berlin
KANU KOMPAKT
Spreewald
Ober- & Unterspreewald
KANU KOMPAKT
Naab & Vils
Oberwildenau - Regensburg & Amberg - Kallmünz
KANU KOMPAKT
Regen
Regen - Regensburg
KANU KOMPAKT
Altmühl
Gunzenhausen – Dietfurt a.d. Altmühl
KANU KOMPAKT
Isar & Loisach
Krün – München & Garmisch – Wolfratshausen
KANU KOMPAKT
Rostock
Berlin
Potsdam
Frankfurt/ Oder
Magdeburg
Cottbus
Halle
Leipzig
Dresden
Chemnitz
Bayreuth
Regensburg
Passau
München
Elbe
Oder
Havel
Spree
Saale
Donau
Naab
Regen
Isar
Peene

Register